내 안의 중국어 감각을 깨워 ~~~~~~~~~~ 주는

중국어 회화 표현력 100

유혜선 지음

동양북스

내 안의 중국어 감각을 깨워 주는

중국어 회화 표현력 100

초판 인쇄 | 2021년 12월 20일
초판 발행 | 2021년 12월 30일

지은이 | 유혜선
발행인 | 김태웅
기획 편집 | 양수아
디자인 | 남은혜, 신효선
마케팅 | 나재승
제 작 | 현대순

발행처 | (주)동양북스
등 록 | 제 2014-000055호 (2014년 2월 7일)
주 소 | 서울시 마포구 동교로22길 14 (04030)
구입 문의 | 전화 (02)337-1737   팩스 (02)334-6624
내용 문의 | 전화 (02)337-1762   dybooks2@gmail.com

ISBN 979-11-5768-770-1 13720

"중급 수준인데도 늘 쓰는 표현만 쓰게 돼요"
"중드를 보면 왜 하나도 못 알아듣겠죠?"

중국어를 가르치면서 자주 들었던 질문입니다.
높은 HSK 급수를 땄지만, 회화 실력은 늘 제자리를 맴도는 학습자를 보며 안타까웠고, 저 역시 이런 과정을 거쳤기에 깊은 공감이 갔습니다. 아무리 배우고 외워도 늘 똑같은 표현만 쓰는 이유는 무엇일까요?

네이버 어학당과 차이나랩에서 〈스크린으로 배우는 중국어 tip〉 코너를 2년간 연재하며 다양한 학습자들과 교류하였고 리얼한 중국어를 배우길 희망하는 학습자들이 많다는 것을 알게 되었습니다. 또 교재에서 배울 수 없는 생생한 표현을 익히기 위해 스크린으로 중국어를 공부하는 학습자들이 많지만, 자신의 수준에 맞지 않은 고급 어휘와 문장만 외우다 결국 중도 포기하는 것을 종종 목도하곤 했습니다. 연령별로 섭취해야 할 영양소와 기준량이 다르듯 중국어 역시 수준을 파악하고 그에 따라 학습법을 달리해야 합니다.

이 교재는 초중급의 난이도로, 교과서적인 뻔한 말을 대신할 표현, 익숙한 단어의 숨겨진 의미, 상황별 리얼 중국어 표현, 그리고 자주 실수하는 한국식 중국어 등의 네 가지 주제로 나눠 챕터를 구성했습니다. 실제 네이티브가 자주 사용하는 표현을 위주로 다루었으며 각 어휘의 뜻을 설명하고 예문을 통해 그 의미와 쓰임새를 자연스럽게 익힐 수 있도록 하였습니다. 그 밖에 비슷한 어휘 간의 미묘한 뉘앙스 차이를 소개함으로써 제대로 된 중국식 중국어를 표현할 수 있도록 하였습니다.

저는 통역사로서 직접 중국 바이어들과 부딪힌 경험 및 다년간의 강의 경험을 가지고 있습니다. 어색한 한국식 중국어 표현을 써서 화기애애했던 분위기를 한순간에 썰렁하게 만들었던 흑역사도 있습니다. 그렇기에 상황과 맥락에 맞는 중국어를 구사하는 것이 얼마나 중요한지 누구보다 잘 알고 있습니다. 이 교재를 통해 인지하지 못하고 반복적으로 범했던 오류를 바로잡고 이제부터는 텍스트(Text)의 중국어가 아닌 콘텍스트(Context)의 중국어를 구사하는 여러분이 되길 바랍니다.

지은이 유혜선

3

목차

Chapter 1 뻔한 말을 대신할 표현

Chapter 2 익숙한 단어의 숨겨진 의미

📌 Chapter 3   상황별 리얼 중국어 표현

Chapter 4   자주 실수하는 한국식 중국어

Chapter 1 뻔한 말을 대신할 표현 unit 1~20

챕터 1에서는 교과서적인 뻔한 중국어가 아닌 실제 네이티브가 자주 쓰는 표현들을 모았습니다. 각 Unit의 주제에 대한 간단한 설명과 사용 빈도 높은 예문으로 이해가 쉽도록 했습니다.

Chapter 2 익숙한 단어의 숨겨진 의미 part 1, 2 unit 1~40

'예쁘다'의 漂亮은 '일을 잘한다'는 의미로도 쓰이는 것을 알고 있나요? 우리가 알고 있는 대표 의미 외에 숨겨진 뜻을 가지고 있는 다의어를 모았습니다. 다양한 예문으로 그 의미와 뉘앙스를 파악할 수 있게 도움을 주고 중국어 어휘력을 향상시켜 줍니다.

Chapter 3 상황별 리얼 중국어 표현 unit 1~20

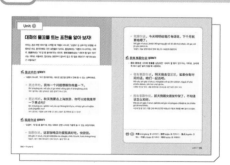

챕터 3에서는 일상생활에서 자주 쓰이는 표현을 주제별로 모았습니다. 네이티브가 실제 사용하는 생활 밀착형 표현을 배워 자연스러운 중국어를 구사할 수 있게 합니다.

Chapter 4 자주 실수하는 한국식 중국어

한자가 익숙한 우리는 한국식 표현으로 중국어를 어색하게 만드는 경우가 종종 있습니다. 챕터 4에서는 헷갈리기 쉬운 한국식 한자와 중국식 한자를 제시해 각 단어의 올바른 사용법을 알려 줍니다. 한국식 표현이 아닌 중국식 표현으로 접근할 수 있게 합니다.

 문장 마스터

각 Unit 대표 문장의 빈칸을 채워 넣어 문장을 완성하고 원어민 음성을 듣고 따라 읽으며 배운 내용을 다시 체크할 수 있습니다.

저자 음성 강의 & MP3 다운로드

본 교재는 학습자들이 독학하는데 어려움이 없도록 저자 음성 강의와 MP3 파일을 제공하고 있습니다. 이 책과 함께 저자가 직접 알려주는 리얼 중국어 표현과 예문을 들으며 쉽고 효과적으로 학습할 수 있습니다. 또 원어민 음성을 들으며 정확한 중국어 발음을 익힐 수 있습니다.

올인원 QR

Chapter ①

뻔한 말을
대신할 표현

아직도 你好로 인사하니?

중국어를 배울 때 가장 먼저 접하는 말인 你好는 중국의 기본 인사말 중 하나죠. 과연 원어민은 你好로만 인사할까요? 우리말도 상황이나 상대에 따라 인사말이 달라지듯 중국어도 마찬가지예요. 가볍게 인사할 때, 또 격식을 갖춰 인사할 때 어떤 인사말을 주고받는지 살펴봅시다.

🎬 친근한 인사

◆ 영어 Hi와 Hello의 중국어 음역인 嗨와 哈喽는 중국 젊은 연령층 사이에서 가볍게 쓰는 인사말이에요.

A **这是我的好朋友王明。**
Zhè shì wǒ de hǎo péngyou Wáng Míng.
이 친구는 내 베프 왕밍이야.

B **嗨! 我是张丽。**
Hāi! Wǒ shì Zhāng Lì.
안녕! 난 장리야.

A **哈喽! 你去哪儿?**
Hā lou! Nǐ qù nǎr?
안녕! 너 어디 가?

B **我去上课。**
Wǒ qù shàngkè.
나 수업 들으러 가.

🎬 가벼운 인사

◆ 친구나 잘 아는 사이라면 날씨나 스타일 등 가벼운 주제로 인사를 대신할 수 있어요.

    A 你今天穿的衣服很漂亮*。
      Nǐ jīntiān chuān de yīfu hěn piàoliang.
      오늘 입은 옷 정말 예쁘다.

> Tip 상대가 남성일 때는 很酷 혹은 很帅로 대체할 수 있어요.

    B 是吗? 谢谢。
      Shì ma? Xiè xie!
      그래? 고마워.

🎬 비즈니스 인사 표현

◆ 격식을 갖춰 인사할 때는 幸会, 久仰, 久仰大名 등의 표현을 사용하며, 이 중 幸会, 久仰는 주로 중첩해 사용해요.

    A 王先生，久仰久仰。
      Wáng xiānsheng, jiǔyǎng jiǔyǎng.
      왕 선생님, 말씀 많이 들었습니다.

    B 久仰大名，幸会幸会。
      Jiǔyǎng dàmíng, xìnghuì xìnghuì.
      저 역시 존함은 오래전부터 들었습니다, 만나서 영광입니다.

 久仰大名 jiǔyǎng dàmíng 존함은 오래전부터 들었습니다 • 酷 kù 휑 멋지다, 쿨하다 • 幸会 xìnghuì 통 만나 뵙게 되어 영광입니다

Unit ②

"你忙吗？" 말고 다른 안부 인사는 없을까?

고리타분하고 진부해 보이지만 여전히 많이 사용하는 "你忙吗？", 그렇다고 매번 도돌이표처럼 똑같은 안부 인사를 주고받고 있나요? 상대방의 근황을 물어볼 땐 "你最近怎么样?", 일의 진행 상황을 확인할 땐 "你工作顺利吗?", 최근 근황에 대해 물어볼 땐 "这几天在忙什么呢?" 등으로 표현할 수 있어요. 이제는 다양한 표현으로 센스 있게 안부 인사를 주고받아 보세요.

你最近怎么样? 살펴보기

◆ 상대방의 근황을 물어보는 가벼운 안부 인사 표현이에요.

> A 你最近怎么样? 还好吗?
> Nǐ zuìjìn zěnmeyàng? Hái hǎo ma?
> 요즘 어때? 잘 지내지?

> B 我挺好的，你呢?
> Wǒ tǐng hǎo de, nǐ ne?
> 잘 지내. 너는?

你工作顺利吗? 살펴보기

◆ 일의 진척 상황을 묻는 말로, 직장인들 사이에서는 가벼운 인사말로 자주 쓰여요.

> A 你工作顺利吗?
> Nǐ gōngzuò shùnlì ma?
> 일은 잘돼 가?

B 还行*。
Hái xíng.
그런대로 괜찮아.

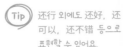
Tip 还行 외에도 还好, 还可以, 还不错 등으로 표현할 수 있어요.

🎬 这几天在忙什么呢? 살펴보기

◆ "你最近怎么样?"보다 좀 더 디테일한 안부 인사로 여기서 忙은 '분주하게 ~을 하다'란 뜻으로 해석해요.

A 你这几天在忙什么呢?
Nǐ zhè jǐ tiān zài máng shénme ne?
너 요새 뭐가 그리 바빠?

B 我在准备HSK考试呢。
Wǒ zài zhǔnbèi HSK kǎoshì ne.
HSK시험 준비하고 있어.

Plus⁺ 그 밖의 안부 인사

아는 사이에서 가볍게 쓸 수 있는 인사 표현이에요.

➕ 你过得好吗?
Nǐ guò de hǎo ma?
잘 지내지?

➕ 你最近干什么?
Nǐ zuìjìn gàn shénme?
요즘 뭘 하며 지내?

 단어 顺利 shùnlì 휑 순조롭다 • 在…呢 zài~ ne ~하는 중이다

헤어질 때 再见말고 이런 표현도 쓴다?

중국어를 처음 접하면 만날 땐 你好, 헤어질 땐 再见이라고 배우죠. 그래서 아직도 헤어질 때 再见이라고 인사하나요? 상황에 따라 다양하게 표현할 수 있는데요. '조심히 가세요'라고 말할 땐 路上小心, 먼저 자리를 뜰 때는 失陪, '몸조심하세요'라고 말할 땐 保重이라고 표현할 수 있어요. 비슷한 듯 다른 각 단어의 쓰임새와 뉘앙스의 차이를 살펴봅시다.

🎬 路上小心 살펴보기

◆ '조심히 가세요'라는 의미로 원어민이 자주 쓰는 작별 인사 중 하나예요.

> ✅ A 时间不早了，我走了。
> Shíjiān bù zǎo le, wǒ zǒu le.
> 시간이 많이 늦었는데, 나 갈게.
>
> B 路上小心*。
> Lùshàng xiǎoxīn.
> 조심히 들어가.

Tip 비슷한 표현으로는 路上慢点, 注意安全 등이 있어요.

🎬 失陪 살펴보기

◆ 잠시 자리를 비우거나 부득이하게 먼저 자리를 뜰 때 쓰는 표현이에요.

> ✅ A 不好意思，我有事先失陪了。
> Bù hǎoyìsi, wǒ yǒu shì xiān shīpéi le.
> 미안한데, 일이 있어 먼저 일어날게.
>
> B 好，咱们改天见吧。
> Hǎo, zánmen gǎitiān jiàn ba.
> 그래, 우리 다음에 보자.

🎬 保重 살펴보기

◆ '몸조심하세요'라는 의미로 한동안 만나기 어려울 때 쓰는 작별 인사 표현이에요.

✔ A 保重! 我会想你的。
Bǎozhòng! Wǒ huì xiǎng nǐ de.
건강히 잘 지내! 보고 싶을 거야.

B 多多保重!
Duōduo bǎozhòng.
건강하게 잘 지내!

 保重 앞에 多多 혹은
请을 붙여 표현해요.

📮 Plus⊕ 그 밖의 작별인사

一路顺风과 一路平安은 여행을 가거나 먼 길을 떠나는 친구를 배웅할 때 쓰는 표현이에요. 여기서 顺风은 '바람을 타다'라는 의미가 있어 비행기를 타고 이동하는 친구에게는 쓰지 않으니, 주의하세요.

⊕ A 祝你一路平安! 照顾好自己。
Zhù nǐ yílù píng'ān! Zhàogù hǎo zìjǐ.
잘 다녀오고, 몸 잘 챙겨.

B 放心吧。
Fàngxīn ba.
걱정 마.

📖 **路上慢点** lùshang màn diǎn 조심히 가세요 • **注意安全** zhùyì ānquán 조심히 가세요 • **失陪** shīpéi 동 먼저 실례하겠습니다 • **保重** bǎozhòng 동 건강에 주의하다 • **一路顺风** yí lù shùn fēng 성 가시는 길 순조롭길 빕니다 • **一路平安** yí lù píng ān 성 가시는 길 평안하시길 바랍니다

很말고 다른 정도 표현은 없을까?

우리말로 정도를 표현할 때 '아주', '너무' 등등 다양하게 표현하죠. 중국어도 마찬가지예요. 그런데 아직도 "很忙!", "很累!"로만 표현하고 있지 않나요? '정말로', '퍽' 등을 뜻하는 好, '꽤'를 뜻하는 挺, '훨씬', '완전'을 뜻하는 超 등 정도를 나타내는 여러 표현이 있어요. 앞으로 아래 단어들을 활용해 정도를 표현해 보세요.

🎬 好 살펴보기

◆ [好+형용사+啊]의 패턴으로 정도가 심함을 나타내며 주로 감탄형에 쓰여요.

✅ **这件衣服好贵啊!**
Zhè jiàn yīfu hǎo guì a!
이 옷은 너무 비싸!

✅ **你的房间好干净啊!**
Nǐ de fángjiān hǎo gānjìng a!
네 방 되게 깨끗하다!

✅ **我觉得找工作好难啊!**
Wǒ juéde zhǎo gōngzuò hǎo nán a!
일자리를 구하는 게 쉽지 않네!

📽 挺 살펴보기

◆ [挺+동사/형용사+的]의 패턴으로 쓰이며 '제법 괜찮다'는 뉘앙스로 很보다 정도
가 약해요.

> ✓ **今天我们玩得挺开心的。**
> Jīntiān wǒmen wán de tǐng kāixīn de.
> 우리 오늘 너무 즐겁게 놀았어.

> ✓ **我挺想去香港的。**
> Wǒ tǐng xiǎng qù Xiānggǎng de.
> 홍콩에 너무 가고 싶어.

📽 超 살펴보기

◆ [超+동사/형용사]의 패턴으로 '완전 ～하다'로 해석하며 과장된 뉘앙스를 풍겨요.

> ✓ **我超喜欢火锅。**
> Wǒ chāo xǐhuan huǒguō.
> 나 훠궈 완전 좋아해.

> ✓ **我超羡慕你的皮肤。**
> Wǒ chāo xiànmù nǐ de pífū.
> 난 네 피부가 완전 부러워.

 般配 bānpèi 형 잘 어울리다 ・ 羡慕 xiànmù 동 부러워하다

对不起는 이럴 때 쓴다?

우리는 보통 사과할 때 '미안합니다'라고 말하지만, 경우에 따라서는 '유감입니다', '죄송합니다' 등으로 말하기도 하죠. 중국어도 언어적 표현에 따라 그 뉘앙스를 통해 자신의 감정을 표현할 수 있어요. 정중히 사과할 때는 对不起를, 미안한 마음을 가볍게 전할 때는 不好意思를, 정식으로 사과할 때는 道歉을 사용해요.

🎬 对不起 살펴보기

◆ 자신의 잘못을 인정하고 정중하게 사과할 때 쓰는 표현이에요.

❤ **对不起！我让你担心了。**
Duìbuqǐ! Wǒ ràng nǐ dānxīn le.
걱정을 끼쳐 드려 죄송해요.

❤ **对不起！我记错了时间，让你久等了。**
Duìbuqǐ! Wǒ jìcuòle shíjiān, ràng nǐ jiǔděng le.
죄송해요. 제가 시간을 착각해서 오래 기다리게 했네요.

❤ **对不起！我没想到我的话会让你感到不舒服。**
Duìbuqǐ! Wǒ méi xiǎngdào wǒ de huà huì ràng nǐ gǎndào bù shūfu.
죄송해요. 제 말이 당신을 불편하게 할 줄은 몰랐어요.

❤ **对不起，又耽误你的时间了。**
Duìbuqǐ, yòu dānwu nǐ de shíjiān le.
죄송해요. 제가 또 시간을 뺐었네요.

🎬 不好意思 살펴보기

◆ 미안한 마음을 가볍게 전하고 싶을 때 쓰는 표현이에요.

✓ 不好意思，请再说一遍。
Bù hǎoyìsi, qǐng zài shuō yí biàn.
미안한데, 다시 한 번 말씀해 주세요.

- -

✓ 不好意思，我今天才看见你的信息。
Bù hǎoyìsi, wǒ jīntiān cái kànjiàn nǐ de xìnxī.
미안해요, 오늘에서야 문자를 봤어요.

🎬 道歉 살펴보기

◆ 정식으로 사과할 때 쓰는 표현으로 약간의 무게감이 있는 단어예요.

✓ 我为自己的行为道歉。
Wǒ wèi zìjǐ de xíngwéi dàoqiàn.
제 행동에 대해 사과드립니다.

- -

✓ 总统向全国人民正式道歉。
Zǒngtǒng xiàng quánguó rénmín zhèngshì dàoqiàn.
대통령은 전 국민에게 공식 사과를 했다.

🔖 단어 记错 jìcuò 동 잘못 기억하다 • 感到 gǎndào 동 느끼다 • 信息 xìnxī 명 문자 •
耽误 dānwu 동 시간을 허비하다 • 正式 zhèngshì 형 정식의

고마운 마음을 谢谢로만 전한다?

누군가에게 도움을 받거나 선물을 받았을 때 상대방에게 고마운 마음을 표현하죠. 이때 고맙다는 인사말로 谢谢를 쓰기에는 뭔가 허전하고 부족할 때가 있어요. 도움을 받아 고마운 마음을 전할 때는 多亏, 식사 초대에 대한 감사함을 전할 때는 破费, 마음을 써 준 것에 대한 고마움을 전할 때는 费心으로 표현할 수 있어요. 주변 지인에게 아직 고마운 마음을 말하지 못했다면 서둘러 당신의 마음을 표현해 보세요!

多亏 살펴보기

◆ 도움을 받아 감사함을 표현할 때 사용해요. 多亏 뒤에는 명사(구), 동사(구) 목적어가 오며 주로 [多亏+你的+帮助/鼓励/照顾]의 패턴으로 쓰여요.

💚 **我能通过这次考试，多亏你了。**
Wǒ néng tōngguò zhècì kǎoshì, duōkuī nǐ le.
내가 이번 시험에 합격할 수 있었던 건 모두 네 덕분이야.

💚 **多亏你的帮助，我能按时交作业了。**
Duōkuī nǐ de bāngzhù, wǒ néng ànshí jiāo zuòyè le.
네가 도와준 덕분에 제때 과제를 낼 수 있었어.

💚 **多亏您的鼓励，我有自信了。**
Duōkuī nín de gǔlì, wǒ yǒu zìxìn le.
네가 격려해준 덕분에 자신감이 생겼어.

🎬 破费 살펴보기

◆ '금전이나 시간을 쓰다'란 뜻으로 선물을 받거나 식사 초대에 대한 감사를 표현할
때 사용해요.

♡ **送我这么贵重的礼物，让您破费了。**
Sòng wǒ zhème guìzhòng de lǐwù , ràng nín pòfèi le.
제게 귀한 선물을 주셔서 감사해요.

♡ **今天为我准备了丰盛的晚餐，让您破费了。**
Jīntiān wèi wǒ zhǔnbèile fēngshèng de wǎncān, ràng nín pòfèi le.
오늘 저를 위해 푸짐한 저녁을 준비해 주셔서 감사해요.

🎬 费心 살펴보기

◆ '애쓰다'라는 의미로 세심하게 마음을 써 준 것에 대한 감사를 표현할 때 사용해요.

♡ **这段时间，你费心了。**
Zhè duàn shíjiān, nǐ fèixīn le.
그동안 애 많이 쓰셨어요.

♡ **为了这件事，你多费心了。**
Wèi le zhè jiàn shì, nǐ duō fèixīn le.
이번 일에 신경 많이 쓰셨어요.

> (Tip) 费心앞에 多를 붙이면 '신경
> 을 많이 쓰다' 라는 뜻이에요.

 鼓励 gǔlì 동 격려하다 • 贵重 guìzhòng 형 귀중하다 • 丰盛 fēngshèng 형 성대
하다 • 段 duàn 양 일정한 시간 · 공간의 거리나 구간

'천만에'라고 할 때 不客气밖에 안 떠오르면?

상대방의 '고마워'라는 말에 여러분은 어떤 대답이 떠오르나요? 매번 공식처럼 不客气로만 대답하나요? 우리말로는 '괜찮아', '별거 아닌데, 뭘' 등 다양하게 표현하죠. 중국어도 마찬가지로 여러 가지 인사말로 감사를 표현할 수 있어요. 겸손하게 대답할 때는 不用客气, 가볍게 대답할 때는 小事儿, '괜찮아'라고 대답할 때는 没事로 표현해요.

🎬 不用客气 살펴보기

◆ 감사에 대한 겸손한 대답으로 일상생활에서 자주 쓰는 표현이에요. 客气 앞에 别나 不用 등을 붙여 표현할 수 있어요.

✔ A **谢谢你请我吃饭。**
   Xièxie nǐ qǐng wǒ chī fàn.
   밥 사줘서 고마워.

 B **不用客气。**
   Búyòng kèqì.
   천만에.

✔ A **谢谢你今天带我去逛街。**
   Xièxie nǐ jīntiān dài wǒ qù guàngjiē.
   오늘 나랑 쇼핑 가줘서 고마워.

 B **不用客气*。**
   Búyòng kèqì.
   고맙기는.

> **Tip** 가까운 사이에 사용하는 [동사+什么] 반어문 패턴은 客气什么, 谢什么 등으로 표현할 수 있어요.

🎬 小事儿 살펴보기

- ◆ 직역하면 '사소한 일'이란 뜻이지만, 감사에 대한 대답으로 쓰일 땐 '뭐 이정도 쯤이야'라는 뉘앙스를 풍겨요.

✅ A 这次你帮了不少忙，太谢谢你了。
Zhècì nǐ bāngle bù shǎo máng, tài xièxie nǐ le.
이번에 도움을 많이 받았어, 정말 고마워.

B 小事儿。
Xiǎo shìr.
별거 아니야.

 Tip 비슷한 표현으로는
小意思, 小case
등이 있어요.

🎬 没事 살펴보기

- ◆ '괜찮아', '별일 아니야'라는 의미로 감사와 사과에 대한 대답으로 활용할 수 있는 표현이에요.

✅ A 谢谢你送我回家。
Xièxie nǐ sòng wǒ huíjiā.
집에 데려다 줘서 고마워.

B 没事。
Méishì.
괜찮아.

 단어 客气什么 kèqi shénme 예의 차리기는 • 谢什么 xiè shénme 뭐가 고마워 • 小意思 xiǎoyìsi 명 사소한 일(= 小case)

OK는 무조건 好로 말한다?

상대방의 말에 동의할 때 우리는 '좋아', '그래', 'OK' 등등 다양하게 표현하죠. 그런데 왜 중국어로는 好라고만 대답하나요? 중국어에도 긍정의 대답으로 쓸 수 있는 표현이 많아요. 원어민이 자주 쓰는 표현과 그 뉘앙스 차이에 대해서도 알아봅시다!

🎬 行 살펴보기

◆ '좋아'라는 의미로 상대방의 제안에 긍정적인 반응을 나타낼 때 쓰는 표현이에요.

✔ A 你能借我这本书吗?
　　Nǐ néng jiè wǒ zhè běn shū ma?
　　이 책 좀 빌려줄 수 있어?

　　B 行! 그래!
　　Xíng!

🎬 可以 살펴보기

◆ '그래', '좋아'라는 의미로 상대방의 제안에 대한 허락이나 허가를 나타내요.

✔ A 晚上咱们一起去看电影，怎么样?
　　Wǎnshang zánmen yìqǐ qù kàn diànyǐng, zěnmeyàng?
　　저녁에 우리 영화 보러 가는 거 어때?

　　B 可以啊。 좋아.
　　Kěyǐ a.

🎬 没问题 살펴보기

◆ 'OK'와 비슷한 뉘앙스로 적극적인 의사 표현을 할 때 쓰는 표현이에요.

✅ A 你回来的时候，顺便帮我买美式咖啡，好吗*？
   Nǐ huílái de shíhou, shùnbiàn bāng wǒ mǎi měishì kāfēi, hǎo ma?
   돌아올 때 아메리카노 좀 사다 줄 수 있어?

   B 没问题。
   Méi wèntí.
   물론이지.

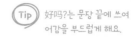 好吗?는 문장 끝에 쓰여
어감을 부드럽게 해요.

✅ A 你替我谢谢丽丽, 好吗?
   Nǐ tì wǒ xièxie Lìli, hǎo ma?
   나 대신 리리한테 고맙다고 전해줄 수 있어?

   B 没问题。
   Méi wèntí.
   물론이지.

Plus⊕ 그 밖의 '好' 뉘앙스

好啊 hǎo a는 흔쾌히 동의하는 표현이에요.

好的 hǎo de는 주로 직장이나 공식적인 자리에서 쓰는 사무적인 표현이에요.

好哒 hǎo dā는 비교적 귀여운 어감으로 애교 섞인 표현이에요.

 순便 shùnbiàn 뭐 하는 김에 • 美式咖啡 měishì kāfēi 명 아메리카노 • 替 tì 동
대신하다

맞장구칠 때 对밖에 생각이 안 난다고?

친구들과 대화할 때 '진짜?', '맞아', '대박' 등 리액션을 많이 하죠. 그런데 중국 친구 와의 대화에서는 对, 이 표현만 쓰고 있나요? 한국어와 마찬가지로 적절한 맞장구와 리액션은 대화가 더 잘 통한다는 느낌을 주죠. 대화의 촉진제 역할을 하는 맞장구 관 련 표현에는 어떤 것들이 있는지 알아봅시다.

🎬 就是 살펴보기

◆ 단독으로 쓰면 '맞다'라는 의미로 상대의 말에 인정·동의할 때 쓰는 공감의 표현이에요.

✔ A 这杯奶茶又便宜又好喝。
　　Zhè bēi nǎichá yòu piányi yòu hǎo hē.
　　이 밀크티 저렴하고 맛있다.

　　B 就是。 맞아.
　　Jiùshì.

🎬 可不是(吗) 살펴보기

◆ 상대의 말에 적극적으로 동의할 때 쓰이며 可不是 혹은 可不로도 표현할 수 있어요.

✔ A 我觉得她的性格很好。
　　Wǒ juéde tā de xìnggé hěn hǎo.
　　그녀는 성격이 좋은 거 같아.

B 可不是吗! 她是大家的开心果。

Kěbúshì ma! Tā shì dàjiā de kāixīnguǒ.

그렇지! 그녀는 분위기 메이커야.

🎬 也是 살펴보기

◆ 也是는 '그런 것 같다'는 의미로 상대의 말에 동의할 때 쓰며 就是와 可不是에 비해 공감하는 뉘앙스가 약한 편이에요.

A 最近她看起来挺忙的。

Zuìjìn tā kàn qǐlái tǐng máng de.

요즘 걔는 좀 바빠 보여.

B 也是! 好久没有跟她见面了。

Yě shì! Hǎojiǔ méi yǒu gēn tā jiànmiàn le.

그러게! 오랫동안 못 봤네.

Plus⊕ '那是'는 무슨 뜻일까요?

那是는 '那当然了。'의 준말로 원어민이 자주 쓰는 공감의 표현이에요. 여기서는 '당연하지', '물론이지' 등으로 해석할 수 있어요.

⊕ A 这家麻辣烫店太好吃了。

Zhè jiā málàtàng diàn tài hǎochī le.

여기 마라탕 너무 맛있다.

B 那是。网上评分也很高!

Nà shì. Wǎngshàng píngfēn yě hěn gāo!

당연하지. 인터넷 평점도 높아!

 단어 奶茶 nǎichá 몡 밀크티 • 性格 xìnggé 몡 성격 • 开心果 kāixīnguǒ 몡 분위기 메이커

마음에 들 때 喜欢으로 표현한다?

현재 호감 가는 이성이 있나요? 상대방에게 호감이 있을 때 우리는 '마음에 들어요'라는 말로 마음을 표현하죠! 그래서 중국어로 '마음에 들다'라는 말은 '喜欢'이라고 하면 될까요? 그것도 맞는 표현이지만, 우리가 '관심 있어요', '호감 있어요' 등의 말로 마음을 표현하듯 원어민이 자주 쓰는 다양한 호감 표현들이 있어요.

看上 살펴보기

◆ '마음에 들다'라는 의미로 어떤 사람이나 사물을 긍정적으로 생각할 때 사용해요.

💛 我今天在网店看上了一件黑色裙子。
Wǒ jīntiān zài wǎngdiàn kànshàngle yíjiàn hēisè qúnzi.
오늘 인터넷에서 본 블랙 스커트가 너무 마음에 들어.

💛 我妈妈看不上*我男朋友。
Wǒ māma kànbushàng wǒ nán péngyou.
엄마는 내 남자친구를 마음에 안 들어 하셔.

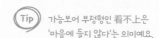

Tip 가능보어 부정형인 看不上은 '마음에 들지 않다'는 의미예요.

💛 A 你觉得他怎么样？
Nǐ juéde tā zěnmeyàng?
넌 그 사람이 어떤 거 같아?

B 我第一眼就看上他了，好帅！
Wǒ dìyīyǎn jiù kànshàng tā le, hǎo shuài!
나 첫눈에 반했어, 너무 멋있어!

🎬 感情 살펴보기

◆ [A+对+B+有感情]의 패턴으로 'A는 B에게 호감이 있다'라는 의미로 쓰여요.

💚 **我对你有感情。**
Wǒ duì nǐ yǒu gǎnqíng.
너한테 호감 있어.

💚 **我对你的感情是真的，心里只有你。**
Wǒ duì nǐ de gǎnqíng shì zhēnde, xīnlǐ zhǐ yǒu nǐ.
너에 대한 내 마음은 진심이야. 오직 너 뿐이라고.

🎬 意思 살펴보기

◆ [A+对+B+有意思]의 패턴으로 'A는 B에 대해 관심이 있다'라는 의미로 쓰여요.

💚 **我觉得他对你有意思。**
Wǒ jué de nǐ duì tā yǒu yìsi.
걔가 너한테 관심있는 거 같아.

💚 **我确定师哥对你有意思。**
Wǒ quèdìng shīgē duì nǐ yǒu yìsi.
선배가 너한테 관심이 있는 게 확실해.

 网店 wǎngdiàn 몡 온라인 쇼핑몰 • 第一眼 dìyīyǎn 첫 눈에 • 确定 quèdìng
몡 확실하다 • 师哥 shīgē 몡 남자 선배

싫은데 不喜欢밖에 안 떠오르면?

뭔가 마음에 들지 않아 불만이 생길 때 '짜증난다', '싫다' 등의 말을 자주 하곤 해요. 이 때 중국어로 不喜欢라는 표현이 먼저 떠오르죠? 물론 틀린 표현은 아니지만, '짜증난다' 는 말은 그 대상이나 감정에 따라 달리 표현할 수 있어요. 일상 생활에서 자주 쓰이는 표 현에는 어떤 것들이 있는지 알아보고 의도에 맞게 표현해 보세요!

🎬 讨厌 살펴보기

◆ '싫다', '짜증난다'라는 의미로 사람이나 사물, 환경 등에 대한 불만을 나타내요.

✅ 我讨厌春天的黄沙。
Wǒ tǎoyàn chūntiān de huángshā.
난 봄철 황사가 너무 싫어.

✅ 我讨厌香菜的味道。
Wǒ tǎoyàn xiāngcài de wèidào.
난 샹차이 맛이 너무 싫어.

✅ 我讨厌我的恶性卷发。
Wǒ tǎoyàn wǒ de èxìng juǎnfà.
난 내 악성 곱슬머리가 너무 싫어.

✅ 讨厌讨厌！好讨厌*！
Tǎoyàn tǎoyàn! Hǎo tǎoyàn!
미워, 미워! 너무 미워!

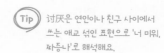 **Tip** 讨厌은 연인이나 친구 사이에서 쓰는 애교 섞인 표현으로 '너 미워, 짜증나'로 해석해요.

🎬 嫌 살펴보기

◆ 사람이나 사물에 대한 반감이나 불만을 표현할 때 사용하며 주로 [嫌+불만의 원인]의 패턴으로 쓰여요.

❤ **我嫌他烦我。**
Wǒ xián tā fán wǒ.
걔가 날 귀찮게 하는게 너무 싫어.

❤ **我嫌这家餐厅的菜不好吃。**
Wǒ xián zhèjiā cāntīng de cài bù hǎochī.
이 식당은 음식이 맛이 없어 별로야.

🎬 嫌弃 살펴보기

◆ 반감이나 불만이 생겨 '기피하다'는 뉘앙스로 嫌의 뉘앙스와는 다소 차이가 있어요.

❤ **我怕你嫌弃我。**
Wǒ pà nǐ xiánqì wǒ.
네가 나를 싫어할까 봐 걱정돼.

❤ **我妈嫌弃我的工作。**
Wǒ mā xiánqì wǒ de gōngzuò.
엄마는 내 직업을 싫어해.

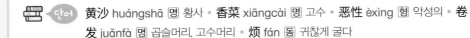

단어 黄沙 huángshā 몡 황사 • 香菜 xiāngcài 몡 고수 • 恶性 èxìng 혱 악성의 • 卷发 juǎnfà 몡 곱슬머리, 고수머리 • 烦 fán 동 귀찮게 굴다

做말고 이런 표현도 써 보자!

'숙제하다', '드라이브하다' 등 어떤 행동을 한다는 말을 통틀어 우리말 '하다'는 단어 하나로 표현할 수 있어요. 하지만 중국어로 '하다'는 입말인지 글말인지, 혹은 뒤에 구체적인 행동이 오는지 광범위한 행동이 오는지 등에 따라 다양하게 표현할 수 있어요. '하다'의 대표 단어 做 외에 어떠한 단어들이 있는지 함께 살펴봅시다.

干 살펴보기

◆ 동사 做와 같은 의미로 주로 입말에 쓰여요.

周末你想干什么?
Zhōumò nǐ xiǎng gàn shénme?
주말에 뭐 할 거야?

你在干吗*呢?
Nǐ zài gànmá ne?
너 뭐하고 있어?

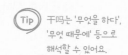
Tip 干吗는 '무엇을 하다', '무엇 때문에' 등으로 해석할 수 있어요.

搞 살펴보기

◆ 주로 직업을 나타내는 목적어(추상 명사)나 보어와 함께 사용하며 보어에 따라 다양하게 해석할 수 있어요.

我是搞*艺术的。
Wǒ shì gǎo yìshù de.
난 예술 분야에 종사하고 있어.

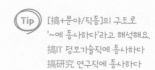
Tip [搞+분야/직종]의 구조로 '~에 종사하다'라고 해석해요.
搞IT 정보기술직에 종사하다
搞研究 연구직에 종사하다

💬 **你的手机怎么搞的*?**
Nǐ de shǒujī zěnme gǎo de?
네 핸드폰 어떻게 된 거야?

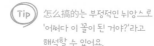

(Tip) 怎么搞的는 부정적인 뉘앙스로 '어쩌다 이 꼴이 된 거야?'라고 해석할 수 있어요.

🎬 **弄 살펴보기**

◆ 자주 쓰는 입말 표현으로 주로 구체적인 의미를 지닌 목적어와 함께 쓰여요. 가벼운 어기를 지니고 있어 공식 문서나 글말에는 잘 쓰지 않아요.

💬 **中午我给你弄点好吃的!**
Zhōngwǔ wǒ gěi nǐ nòng diǎn hǎochī de!
점심에 맛있는 거 해 줄게.

💬 **怎么办! 我弄脏了我的新衣服。**
Zěnme bàn! Wǒ nòngzāngle wǒ de xīn yīfu.
어떡해! 새 옷을 더럽혔어.

[Plus⊕] **그 밖의 '搞' 표현**

搞는 정말 다양한 상황에서 쓰이는데요. 그중 搞定은 '해결하다', 搞暧昧는 '썸을 타다'라는 뜻으로 원어민이 자주 사용하는 표현이에요.

⊕ **这件事我帮你搞定!**
Zhè jiàn shì wǒ bāng nǐ gǎodìng!
이 일은 내가 해결해 줄게!

⊕ **你们俩在搞暧昧吧?**
Nǐmen liǎ zài gǎo àimèi ba?
너희 둘 썸 타는 중이지?

 단어 艺术 yìshù 몡 예술 • 研究 yánjiū 몡 연구 • 脏 zāng 혱 더럽다 • 搞定 gǎodìng 동 처리하다, 해결하다 • 搞暧昧 gǎo àimèi 썸을 타다

unit 12 ∘ **35**

생각을 말할 때 무조건 我觉得라고 한다?

자신의 생각이나 의견을 말할 때 중국어로 '내 생각에는'란 의미의 我觉得를 자주 사용하는데요. 이때 객관적인 '생각'인지 주관적인 '생각'인지 또는 그 어조에 따라 다양한 단어로 표현할 수 있어요. 강한 어조로 생각을 표현할 때는 认为, 생각을 가볍게 표현할 때는 想, 대상을 직접 파악하여 말할 때는 看으로 표현할 수 있어요.

🎬 认为 살펴보기

◆ 자신의 생각을 표현할 때 쓰며 觉得보다 강한 확신의 어조로 설득력을 가져요. 때문에 회의나 토론을 할 때 자주 사용해요.

✅ **我认为这件事非常重要。**
Wǒ rènwéi zhè jiàn shì fēicháng zhòngyào.
난 이 일이 매우 중요하다고 생각해.

✅ **我认为你的汉语发音很标准。**
Wǒ rènwéi nǐ de Hànyǔ fāyīn hěn biāozhǔn.
네 중국어 발음이 굉장히 좋은 것 같아.

✅ **大家都认为她当班长很合适。**
Dàjiā dōu rènwéi tā dōng bānzhǎng hěn héshì.
모두 그녀가 반장이 되는 게 좋다고 생각해.

🎬 想 살펴보기

◆ 자신의 생각을 가볍게 표현하거나 예상 혹은 추측할 때 사용해요.

✅ **机会来了，我想我们应该去试一试。**
Jīhuì lái le, wǒ xiǎng wǒmen yīnggāi qù shì yi shì.
기회가 왔으니, 난 우리가 시도해 봐야 한다고 생각해.

✅ **我想她今天不会来了。**
Wǒ xiǎng tā jīntiān bú huì lái le.
내 생각엔 그녀는 오늘 안 올 것 같아.

🎬 看 살펴보기

◆ 직관적인 판단과 견해를 표현할 때 쓰는 표현이에요.

✅ **我看她挺能干的。**
Wǒ kàn tā tǐng nénggàn de.
난 그녀가 능력이 있다고 생각해.

✅ **我看他的建议很好。**
Wǒ kàn tā de jiànyì hěn hǎo.
그의 의견이 괜찮은 것 같아.

 发音 fāyīn 몡 발음 • 标准 biāozhǔn 혱 표준적이다 • 能干 nénggàn 혱 유능하다
• 建议 jiànyì 통 건의하다

为什么말고 다른 표현은 없을까?

우리말을 보면 하나의 단어가 종종 두 가지 이상의 뜻으로 쓰이기도 하죠. 우리가 흔히 쓰는 '왜', '어째서'라는 단어들이 그렇다고 볼 수 있어요. '왜', '어째서'를 중국어로 표현할 때 为什么가 가장 먼저 떠오르지만, 상황이나 문맥에 따라 사용할 수 있는 표현이 다양해요. 각 상황에 맞는 적절한 표현이 무엇인지 함께 알아봅시다.

🎬 怎么 살펴보기

◆ '왜', '어째서'라는 의미로 为什么가 '원인이나 이유'에 초점을 두었다면 怎么는 '의아하거나 뜻밖이다'라는 뉘앙스로 놀라거나 불만을 표현할 때 사용해요.

✅ 你怎么不开心啊?
Nǐ zěnme bù kāixīn a?
너 왜 기분이 안 좋아?

✅ 昨天你怎么没来上课啊?
Zuótiān nǐ zěnme méi lái shàngkè a?
너 어제 수업에 왜 안 왔어?

✅ 你有什么事吗? 怎么又找我了?
Nǐ yǒu shénme shì ma? Zěnme yòu zhǎo wǒ le?
너 무슨 일 있어? 왜 또 날 찾아 왔어?

✅ 你怎么不接电话呀? 我给你打了好几次电话了。
Nǐ zěnme bù jiē diànhuà ya? Wǒ gěi nǐ dǎle hǎo jǐcì diànhuà le.
너 왜 전화 안 받아? 내가 전화를 얼마나 많이 했는데.

干吗 살펴보기

◆ '무엇 때문에', '왜'라는 의미로 '원인이나 이유'를 물어볼 때 쓰며 주어 뒤 혹은 문장 끝에 위치해요. 특히 반어문으로 쓰일 때는 '짜증과 부정'의 뉘앙스를 담고 있기 때문에 친밀한 관계에서 쓴다는 점 기억해 두세요.

♡ **你干吗这么着急?**
Nǐ gànmá zhème zháojí?
너 왜 이렇게 서둘러?

♡ **你干吗送我礼物?**
Nǐ gànmá sòng wǒ lǐwù?
왜 나한테 선물을 주는 거야?

♡ **你干吗突然问这个问题?**
Nǐ gànmá tūrán wèn zhège wèntí?
너 이거 갑자기 왜 물어보는 거야?

♡ **你要早点回家干嘛*?**
Nǐ yào zǎodiǎn huíjiā gànmá?
집에 일찍 가서 뭐 할 거야?

 干吗는 干嘛로 대체할 수 있어요.

🔖 단어 早点儿 zǎodiǎnr 児 일찍

배부른데 吃饱了밖에 안 떠오르면?

음식을 계속 권하는 중국 친구에게 '배부르다'고 말하고 싶을 때 흔히 吃饱了라는 표현을 많이 쓰죠. 비슷한 단어라도 쓰는 용도에 따라 그 어감이 다른데요. 吃饱了말고 '배부르다'의 또 다른 표현에는 어떤 것들이 있는지 알아보고 각 표현의 미묘한 뉘앙스의 차이를 살펴봅시다.

撑死了 살펴보기

◆ '가득하다'는 撑과 '죽겠다'는 死了가 결합하여 '배불러 죽겠다'라는 의미로 사용해요.

　A 你怎么不吃啊?
　　Nǐ zěnme bù chī a?
　　왜 안 먹어?

　B 我撑死了!
　　Wǒ chēngsǐ le!
　　배불러 죽겠어!

爆 살펴보기

◆ [快要...了], [就要...了] 등의 고정 격식과 자주 쓰이며 '배 터지겠다'로 해석해요.

　A 你都吃完了吗?
　　Nǐ dōu chī wán le ma?
　　벌써 다 먹었어?

B 吃完了，肚子快要爆了。
Wǒ chī wán le, dùzi kuàiyào bào le.
다 먹었어, 배가 터질 것 같아.

🎬 吃不下 살펴보기

◆ [동사+不下]는 '공간이 충분치 않아 수용할 수 없거나 어떤 동작을 완성하지 못하다'는 의미가 있어요. 즉, 吃不下는 위장이 음식으로 꽉 차서 음식물을 삼킬 수 없거나 식욕이 없을 때 사용해요.

A 你吃得太少了！多吃点儿！
Nǐ chī de tài shǎo le! Duō chī diǎnr!
너 너무 조금 먹는다! 많이 먹어!

B 我真的一口都吃不下了。
Wǒ zhēn de yìkǒu dōu chībuxià le.
나 정말 한 입도 못 먹겠어.

Plus⊕ 그 밖의 '배부르다' 표현

[동사+不了]는 '동작을 양적으로 완료할 수 없거나 어떤 이유로 완료할 수 없다'는 의미를 나타내며, [동작+不完]은 '동작을 끝까지 완료할 수 없다'는 의미를 나타내요. 즉 吃不了, 吃不完은 모두 '먹을 수 없다'라는 의미이지만 그 뉘앙스에 차이가 있어요.

⊕ 太饱了，吃不了了。
Tài bǎo le, chībùliǎo le.
너무 배불러서 먹을 수가 없어.

⊕ 这么多菜，我一个人吃不完。
Zhème duō cài, wǒ yíge rén chībuwán.
이렇게 많은 음식을 나 혼자 다 먹을 수 없어.

 快要…了 kuàiyào…le 곧 ～하다 • 就要…了 jiùyào…le 머지않아 ～하다 • 一口 yìkǒu 몡 한 입

请问말고 이런 표현도 쓴다?

'실례합니다'란 의미를 가진 请问은 부탁하거나 양해를 구할 때 자주 사용하는 표현이죠. 그런데 실제 원어민이 请问보다 더 자주 쓰는 표현이 있다고 해요. 각 상황과 문맥에 따른 알맞은 표현에는 어떤 것들이 있는지 알아보고 그 뉘앙스의 차이를 이해해 봅시다.

🎬 打扰 살펴보기

◆ 상대의 양해를 구할 때 쓰는 인사 표현으로, '실례합니다'라고 해석할 수 있어요. 앞에 不好意思를 붙여 '미안하다'는 뉘앙스를 풍기기도 해요.

✓ **不好意思，打扰一下，地铁站离这儿远吗？**
Bù hǎoyìsi, dǎrǎo yíxià, dìtiězhàn lí zhèr yuǎn ma?
실례지만, 지하철역은 여기서 머나요?

✓ **不好意思，打扰一下，这儿附近有超市吗？**
Bù hǎoyìsi, dǎrǎo yíxià, Zhèr fùjìn yǒu chāoshì ma?
실례지만, 여기 근처에 마트가 있나요?

✓ **不好意思，打扰一下，这个座位有人吗？**
Bù hǎoyìsi, dǎrǎo yíxià, zhège zuòwèi yǒu rén ma?
실례지만, 여기 자리 있나요?

🎬 请教 살펴보기

◆ 경어(敬辞)로서 다른 사람에게 가르침을 청하거나 의견을 구할 때 쓰는 표현이에요.

☑ **我想请教您几个问题。**
Wǒ xiǎng qǐngjiào nín jǐ ge wèntí.
몇 가지 여쭤보고 싶은 게 있어요.

☑ **我向您请教一下，怎么打麻将呢?**
Wǒ xiàng nín qǐngjiào yíxià, zěnme dǎ májiàng ne?
여쭤 볼게요. 마작은 어떻게 하는 건가요?

🎬 冒昧 살펴보기

◆ '외람되지만'의 의미로 실례되는 이야기를 하거나 자신을 낮춰 표현할 때 사용해요.

☑ **我冒昧地问一下，您做什么工作?**
Wǒ màomèi de wèn yíxià, nín zuò shénme gōngzuò?
외람된 질문이지만, 무슨 일을 하세요?

☑ **我冒昧地问一句，您今年多大岁数了?**
Wǒ màomèi de wèn yíjù, nín jīnnián duō dà suìshu le?
외람된 질문이지만, 올해 연세가 어떻게 되세요?

📚 **打麻将** dǎ májiàng 동 마작을 하다 • **岁数** suìshu 명 나이, 연세

'파이팅'하면 加油밖에 생각이 안 난다고?

우리말에는 '힘내', '기운 내', '파이팅' 등 격려와 관련된 다양한 표현들이 있는데요. 중국어도 마찬가지예요. 특히 加油라는 말을 많이 들어 보셨죠? 직역하면 '기름을 넣다'란 뜻으로, 기름을 에너지로 비유해 '에너지를 충전해 힘을 내다'라는 의미예요. 加油 외에 원어민이 자주 쓰는 표현에는 어떤 것들이 있는지 알아봅시다.

🎬 打起精神来 살펴보기

◆ '기운을 내다'라는 의미로 가볍게 파이팅을 외칠 때 쓸 수 있는 표현이에요.

💚 **快要考试了，咱们打起精神来吧!**
　　Kuàiyào kǎoshì le, zánmen dǎ qǐ jīngshén lái ba!
　　곧 시험이야, 우리 힘내자!

💚 **打起精神来! 你可以从头开始!**
　　Dǎ qǐ jīngshén lái! Nǐ kěyǐ cóngtóu kāishǐ!
　　기운내! 너는 다시 시작할 수 있어!

🎬 加把劲(儿) 살펴보기

◆ '힘', '기운'의 의미를 가진 劲 앞에 양사 把를 붙여 '힘을-내다'라는 의미로 사용해요.

💚 **大家一起加把劲吧，咱们可以做到的!**
　　Dàjiā yìqǐ jiābǎjìn ba, zánmen kěyǐ zuòdào de!
　　모두들 힘내자, 우리는 할 수 있어!

✅ 没有什么不可能！再加把劲吧！
Méiyǒu shénme bù kěnéng! Zài jiābǎjìn ba!
불가능이란 없다! 좀 더 힘내자!

🎬 打气(打call) 살펴보기

◆ 打气는 '격려하다'라는 의미로 응원할 때 쓰는 표현이에요. 또 打气의 打와 일본의 신조어로 '콘서트에서 팬들이 가수를 응원하는 것'을 뜻하는 call의 합성어인 打call 도 역시 응원할 때 쓰는 표현으로 주로 [给/为+(대상)+打气/打call]의 패턴으로 말 해요.

✅ 咱们给高三学生打打气*。
Zánmen gěi gāosān xuéshēng dǎdaqì.
수험생 여러분을 응원합니다.

Tip 이합사 打气는 AAB 형태로 중첩해요.

✅ 我为你打call！
Wǒ wéi nǐ dǎ call!
당신을 응원해요!

Plus⊕ '冲冲冲'은 무슨 뜻일까요?

冲은 온라인상에서 각 팀별로 게임이나 토론 등을 할 때 동영상 댓글 자막으로 자주 출현하는 표현 중의 하나예요. 'Go, 가자'의 뉘앙스로 '계속 힘을 내 전진하라'는 의미를 담고 있어요.

⊕ 加油！冲冲冲！
Jiāyóu! Chōng chōng chōng!
파이팅! 가자!

⊕ 冲鸭*！期末考试！
Chōng yā! Qīmò kǎoshì!
가자! 기말고사!

Tip 冲呀의 해음자로 귀엽고 발랄한 뉘앙스를 풍겨요.

 단어 从头开始 cóngtóu kāishǐ 처음부터 시작하다 • 打气 dǎqì 동 (공이나 타이어에) 바람을 넣다. 격려하다 • 冲 chōng 동 돌진하다

快点만큼 자주 쓰는 이 표현, 꼭 알아두자!

'빨리! 빨리!'를 좋아하는 한국인이 중국어를 배울 때 가장 먼저 습득하는 단어 중 하나가 快点이 아닐까 싶은데요. 아직도 주구장창 快点만 쓰고 있나요? 시간이 급박할 때는 赶时间이나 赶紧으로, 행동을 빨리 하도록 재촉할 때는 磨叽로 표현할 수 있어요.

🎬 赶时间 살펴보기

◆ '시간이 급하다'라는 의미로 시각을 다툴 만큼 바쁠 때 사용하는 표현이에요.

> 麻烦你让开，我赶时间。
> Máfán nǐ ràngkāi, wǒ gǎn shíjiān.
> 제가 급한데, 좀 비켜 주세요.

> 师傅，麻烦您能不能快点，我赶时间。
> Shīfu, máfan nín néng bu néng kuài diǎn, wǒ gǎn shíjiān.
> 기사님, 제가 급한데 빨리 좀 가 주세요.

🎬 赶紧 살펴보기

◆ '시간을 지체할 수 없음'을 강조할 때 쓰는 표현으로 주로 명령문과 청유문에 사용해요.

> 如果你一直不舒服，赶紧去医院吧。
> Rúguǒ nǐ yìzhí bù shūfu, gǎnjǐn qù yīyuàn ba.
> 컨디션이 안 좋으면 빨리 병원에 가 봐.

✅ **来不及*了！咱们得赶紧想办法。**
Láibují le! Zánmen děi gǎnjǐn xiǎng bànfǎ.
시간이 없어! 우리는 방법을 빨리 생각해 내야 해.

Tip 来不及는 시간이 특박할 때 쓰는 표현이에요.

🎬 磨叽 살펴보기

◆ 입말 표현으로 일을 질질 끌거나 행동을 꾸물거릴 때 쓰는 표현이에요.

✅ **别磨叽了，饭都凉了。**
Bié mò jī le, fàn dōu liáng le.
꾸물거리지 마, 밥 다 식었어.

✅ **别磨磨叽叽*了，要不然你会迟到的。**
Bié mòmojījī le, yàoburán nǐ huì chídào de.
꾸물거리지 마, 안 그럼 지각하겠어.

Tip 동사 磨叽는 AABB 형태로 중첩해요.

Plus⊕ 그 밖의 '재촉' 표현

抓紧时间은 '시간을 부여잡다', 즉 '타이밍을 놓치지 말고 서둘러 하다'는 뉘앙스로 재촉할 때 쓰는 표현이에요.

⊕ **托福考试请大家抓紧时间报名！**
Tuōfú kǎoshì qǐng dàjiā zhuājǐn shíjiān bàomíng!
토플 시험을 서둘러 신청하세요!

 让开 ràngkāi 동 길을 내주다 • 师傅 shīfu 명 기사 • 凉 liáng 형 차갑다 • 要不然 yàoburán 접 그렇지 않으면 • 托福考试 tuōfú kǎoshì 명 토플 시험

Unit ⑲

화가 날 때 生气밖에 안 떠오르면?

화난 마음을 말할 때 '열 받다', '성질부리다', '발끈하다' 등 다양하게 표현하죠. 이때 화난 감정을 生气로만 표현하기엔 뭔가 부족할 때가 있어요. 화난 감정을 좀 더 다양하게 표현하고 싶을 때는 아래 표현을 잘 기억해 두고 활용해 보세요!

🎬 发火 살펴보기

◆ 生气는 몹시 언짢거나 불쾌한 감정이 들 때 사용하는 반면 发火는 겉으로 화(火)가 표출될 때 사용해요.

💬 **你发火是没用的。**
Nǐ fāhuǒ shì méiyòng de.
네가 화내도 소용없어.

💬 **这件事是她干的，你怎么对我发火啊？**
Zhè jiàn shì shì tā gàn de, nǐ zěnme duì wǒ fāhuǒ a?
이건 걔가 한 건데, 왜 나한테 화를 내?

💬 A **我第一次看到明明发这么大的火。**
Wǒ dì yī cì kàndào Míngming fā zhème dà de huǒ.
난 밍밍이가 이렇게 크게 화내는 거 처음 봐.

B **对啊，到底怎么了？**
Duì a, dàodǐ zěnme le?
맞아, 도대체 왜 그런 거야?

发脾气 살펴보기

- '표출하다'란 뜻을 가진 发와 '성깔'의 뜻을 가진 脾气가 결합된 단어로, 애교 섞인 투정을 부리거나 아이가 떼를 쓸 때 사용해요.

- ✅ **她爱发脾气。**
  Tā ài fā píqì.
  그녀는 성질을 잘 부려.

- ✅ **别动不动就发脾气*!**
  Bié dòngbudòng jiù fā píqì.
  걸핏하면 성질 좀 부리지 마!

发脾气는 闹脾气로 대체 할 수 있어요.

惹毛 살펴보기

- 惹毛는 '화내다'란 의미의 毛와 '어떤 감정을 불러일으키다'란 의미의 惹가 결합된 단어로, 주로 [주어+把+대상+惹毛]의 패턴으로 쓰여 '~가 ~을 화나게 하다'로 해석할 수 있어요.

- ✅ **谁把你惹毛了?**
  Shéi bǎ nǐ rě máo le?
  누가 널 화나게 한 거야?

- ✅ **别把我惹毛了。**
  Bié bǎ wǒ rě máo le.
  날 화나게 하지 마.

🔖 단어 没用 méiyòng 휑 소용없다 • 动不动(就) dòngbudòng(jiù) 閏 걸핏하면

失败말고 다른 표현은 없을까?

한자 失败는 한국과 중국에서 모두 사용하는 단어로 '실패하다'라는 의미를 가지고 있어요. 혹시 익숙하다는 이유로 이 단어만 쓰고 계시나요? 일이나 경기 등이 실패했을 때는 搞砸, 애는 썼지만 보람을 얻지 못할 때는 落空, 노력이 헛되게 되었을 때는 泡汤으로 표현할 수 있어요.

搞砸 살펴보기

◆ 搞砸는 일이나 경기, 면접 등에 실패했을 때 쓰는 입말 표현으로 결과보어 砸는 동사 뒤에 쓰여 '실패하다'라는 의미를 나타내요.

> ♥ 完了！这次面试搞砸了。
> Wán le! Zhècì miànshì gǎo zá le.
> 끝났어! 이번 면접은 망했어.

> ♥ 看来我好像又把事情搞砸了。
> Kànlái wǒ hǎoxiàng yòu bǎ shìqíng gǎo zá le!
> 보아하니 내가 또 일을 망친 거 같아.

落空 살펴보기

◆ '허사가 되다'란 의미로 주로 希望, 梦想 등의 단어와 함께 사용해요.

> ♥ 今天早点下班的希望落空了。
> Jīntiān zǎodiǎn xiàbān de xīwàng luòkōng le.
> 오늘 일찍 퇴근하는 건 물 건너갔네!

◦ 韩国足球的世界杯梦落空了。
Hánguó zúqiú de shìjièbēi mèng luòkōng le.
한국 축구의 월드컵 꿈은 물 건너갔어.

📽 泡汤 살펴보기

◆ '물거품이 되다'라는 의미로 计划, 假期, 约会 등의 단어와 함께 사용해요.

◦ 怎么办！我的学习计划又泡汤了。
Zěnme bàn! Wǒ de xuéxí jìhuà yòu pàotāng le.
어떡해! 내 스터디 계획이 또 물거품이 됐어.

◦ 我还没买到飞机票，假期可能要泡汤了。
Wǒ hái méi mǎidào fēijīpiào, jiàqī kěnéng yào pàotāng le.
나 아직 비행기표도 못 샀는데, 휴가는 물거품이 된 것 같아.

Plus⊕ '掉链子'는 무슨 뜻일까요?

직역하면 '자전거나 오토바이의 체인이 빠지다', 즉 '중요한 순간에 일을 그르치거나 실수를
저질러 실패하다'라는 의미로 원어민이 자주 쓰는 표현 중 하나예요.

⊕ 关键时刻你千万不能掉链子。
Guānjiàn shíkè nǐ qiānwàn bù néng diào liànzi.
결정적인 순간에 실패하면 안 돼.

 面试 miànshì 명 면접 • 世界杯 shìjièbēi 명 월드컵 • 计划 jìhuà 명 계획 • 假期
jiàqī 명 휴가 • 约会 yuēhuì 명동 만날 약속(을 하다) • 关键时刻 guānjiàn shíkè 결
정적인 순간 • 千万 qiānwàn 부 부디, 절대로

문장 마스터

⭐ 아래 빈칸을 채우며 배웠던 내용을 복습해 보세요.

01 왕 선생님, 말씀 많이 들었습니다.

王先生，_____。

02 일은 잘돼 가?

你工作_____吗?

03 건강히 잘 지내! 보고 싶을 거야.

_____! 我会想你的。

04 나 훠궈 완전 좋아해.

我_____喜欢火锅。

05 미안해요, 오늘에서야 문자를 봤어요.

_____，我今天才看见你的信息。

06 내가 이번 시험에 합격할 수 있었던 건 모두 네 덕분이야.

我能通过这次考试，_____你了。

07 이번에 도움을 많이 받았어, 정말 고마워. 별거 아니야.

这次你帮了不少忙，太谢谢你了。_____。

08 나 대신 리리한테 고맙다고 전해줄 수 있어? 물론이지.

你替我谢谢丽丽, 好吗? _____。

09 이 밀크티 저렴하고 맛있다. 맞아!

这杯奶茶又便宜又好喝。_____!

10 걔가 너한테 관심이 있는 거 같아.

我觉得他对你有_____。

11 난 샹차이 맛이 너무 싫어.

我_____香菜的味道。

12 주말에 뭐 할 거야?

周末你想_____什么?

13 내 생각엔 그녀는 오늘 안 올 것 같아.

我_____她今天不会来了。

14 너 왜 이렇게 서둘러?

你_____这么着急?

15 다 먹었어, 배가 터질 것 같아.

吃完了,肚子快要_____了。

16 실례지만, 여기 근처에 마트가 있나요?

不好意思,_____一下,这儿附近有超市吗?

17 모두들 힘내자, 우리는 할 수 있어!

大家一起_____吧,咱们可以做到的!

18 컨디션이 안 좋으면, 빨리 병원에 가 봐.

如果你一直不舒服,_____去医院吧。

19 걸핏하면 성질 좀 부리지 마!

别动不动就_____!

20 어떡해! 내 스터디 계획이 또 물거품이 됐어.

怎么办!我的学习计划又_____了。

Chapter ②

익숙한 단어의
숨겨진 의미

PART 1

일을 잘한다고 할 땐 漂亮

漂亮는 '예쁘다'라는 뜻인데, 업무 상 漂亮이라는 말을 들었다면 太棒了, 즉 '정말 잘했어요'라는 의미로 업무처리 능력을 칭찬하는 거예요. 이때 [동사+得+漂亮]의 패턴으로 '하다'라는 의미를 가진 做, 干, 办 등의 동사와 함께 쓰여 '~가 뛰어나다'로 해석할 수 있어요.

🎬 漂亮 살펴보기

◆ 일처리나 행동, 말 따위가 **뛰어나다, 멋지다**

✅ **这件事你做(干)得很漂亮。**
Zhè jiàn shì nǐ zuò (gàn) de hěn piàoliang.
이 일은 정말 잘 처리했어.

─────────────────────

✅ **你要把事情办得漂亮一点儿。**
Nǐ yào bǎ shìqing bàn de piàoliang yìdiǎnr.
너 일을 잘 처리해야 해.

─────────────────────

✅ **赢要赢得漂亮，输也要输得漂亮！**
Yíng yào yíng de piàoliang, shū yě yào shū de piàoliang!
이길 때 멋지게 이기고 질 때도 멋지게 져야 해!

─────────────────────

✅ **长得漂亮不如活得漂亮。**
Zhǎng de piàoliang bùrú huó de piàoliang.
얼굴이 예쁜 것보다 멋지게 사는 게 더 낫다.

A 昨天的足球比赛你看了没有？金选手踢球踢得
太漂亮了。

Zuótiān de zúqiú bǐsài nǐ kàn le méiyǒu? Jīn xuǎnshǒu tīqiú tī de
tài piàoliang le.

너 어제 경기 봤어? 김 선수는 축구를 정말 잘하더라.

B 我也看了，太精彩了！

Wǒ yě kàn le, tài jīngcǎi le!

나도 봤어, 어마어마하더라!

Plus⊕　그 밖의 '잘했다' 표현

优秀는 '우수하다', 完美는 '결함이 없다'라는 의미로 일을 잘한다고 칭찬할 때 사용해요.

⊕ 你太优秀了！

Nǐ tài yōuxiù le!

너 너무 대단하다!

⊕ 这件事你做得太完美了。

Zhè jiàn shì nǐ zuò de tài wánměi le.

이 일은 완벽하게 잘 처리했어.

 活 huó 동 살다 · A不如B A bùrú B A는 B 보다 못하다 · 精彩 jīngcǎi 형 (공연·
전람·말·글 등이) 뛰어나다 · 优秀 yōuxiù 형 (품행·학문·성적 따위가) 매우 우수하다

상대방을 비판할 땐 说

중국 TV 프로그램을 보다 보면 说를 '말하다'로 해석하기 애매할 때가 있어요. 说는 '말하다'라는 뜻 외에 상대방을 '혼내다', '비판하다'라는 의미로도 자주 사용돼요. [我 说+대상]의 패턴으로 동사 说 뒤에 동태조사 了, 过, 着 등이 올 수 있으며 '비판하 다'의 批评보다는 어감이 조금 약해요.

说 살펴보기

◆ 잘못된 점을 지적하며 **책망하다, 혼내다, 비판하다**

- ✔ **我已经说过他了，你别再说他了。**
  Wǒ yǐjīng shuōguo tā le, nǐ bié zài shuō tā le.
  내가 이미 혼냈으니, 더이상 혼내지 마세요.

- ✔ **你知道她做错了，怎么不说她呢?**
  Nǐ zhīdào tā zuòcuò le, zěnme bù shuō tā ne?
  넌 걔가 잘못했다는 걸 알면서 왜 혼내지 않는 거야?

- ✔ A **你今天怎么不高兴啊?**
  Nǐ jīntiān zěnme bù gāoxìng a?
  너 오늘따라 왜 이렇게 기분이 안 좋아?

  B **因为我迟到，老师说了我一顿。**
  Yīnwèi wǒ chídào, Lǎoshī shuōle wǒ yí dùn.
  지각해서 선생님한테 혼났어.

❷ 어떤 대상을 **가리키다**

❧ **大家猜一猜，这句话是**说**谁呢？**
Dàjiā cāi yi cāi, zhè jù huà shì shuō shéi ne?
다들 알아맞혀 봐, 이 말은 누구를 가리키는 걸까?

❸ 어떤 일이나 내용을 상대에게 **설명하다**

❧ **这个孩子真聪明！我一**说**他就明白了。**
Zhège háizi zhēn cōngming! Wǒ yī shuō tā jiù míngbai le.
이 아인 진짜 똑똑해! 내가 설명하니까 바로 알아듣더라.

Plus⊕ **'不是我说你'는 무슨 뜻일까요?**

입말 표현으로 상대를 가볍게 책망할 때 사용하며 '널 나무라는 게 아니다'라고 해석해요.

⊕ **不是我说你，这次你做事太马虎了。**
Bú shì wǒ shuō nǐ, zhècì nǐ zuò shì tài mǎhu le.
널 나무라는 게 아니고, 이번 일은 너무 건성으로 했어.

⊕ **不是我说你，你对他有点过分了。**
Bú shì wǒ shuō nǐ, nǐ duì tā yǒudiǎn guòfèn le.
널 나무라는 게 아니고, 걔한테 좀 너무 했어.

 顿 dùn 양 번[질책·권고 따위의 횟수를 나타냄] • 过分 guòfèn 형 (말이나 행동) 지
나치다 • 马虎 mǎhu 형 소홀하다, 건성건성하다

Unit 3

무엇에 달려 있다고 할 땐 看

看은 '보다'라는 뜻 외에도 다양한 뜻을 가진 다의어(多义词)예요. 회화에서 '～하기에 달렸다' 혹은 '시도해 보다'라는 의미로 쓰여요. '～하기에 달렸다'라는 의미로 쓰일 때는 [就/全+看+你的了]의 패턴으로 쓰이며 여기서 就, 全은 강조하는 역할을 해요. 또, 동사 뒤에 쓰여 '시도해 보다'라는 의미로 쓰이기도 해요.

🎬 看 살펴보기

❶ 어떤 일이나 상태 따위가 무엇에 **달려 있다**

💬 **这件事就看你的了。**
Zhè jiàn shì jiù kàn nǐ de le.
이 일은 모두 너한테 달렸어.

💬 **他能不能成功，全看你的了。**
Tā néng bu néng chénggōng, quán kàn nǐ de le.
그 사람의 성공 여부는 모두 너한테 달렸어.

💬 A **周末我们去爬山吗?**
Zhōumò wǒmen qù páshān ma?
주말에 우리 등산 가는 거야?

　 B **我们能不能去爬山，就看周末的天气了。**
Wǒmen néng bu néng qù páshān, jiù kàn zhōumò de tiānqì le.
우리가 등산에 갈 수 있을지는 주말 날씨에 달려 있어.

❷ 어떤 것을 이루어 보려고 **시도해 보다**

✔ **让我想想看*！**
Ràng wǒ xiǎngxiang kàn.
내가 한번 생각해 볼게.

Tip 주로 중첩된 동사 뒤에 쓰여 '시도해 보다'는 의미를 나타내요.

✔ **这个问题你要怎么解决呢？说说看。**
Zhège wèntí nǐ yào zěnme jiějué ne? Shuōshuo kàn.
이 문제를 어떻게 해결할 건데? 말 좀 해 봐.

Plus➕ **'一年之计在于春'은 무슨 뜻일까요?**

중국 속담으로 직역하면 '일년 계획은 봄에 있다', 즉 봄은 일을 시작하는데 아주 중요한 시기이기 때문에 그 시기를 놓치면 안 된다는 의미를 담고 있어요. 여기서 在于는 '~에 달려 있다'는 의미로 看과 쓰임새가 비슷하지만, 주로 글말에 쓰인다는 점 알아두세요!

➕ **一年之计在于春，一日之计在于晨。**
Yī nián zhī jì zàiyú chūn, yī rì zhī jì zàiyú chén.
일년 계획은 봄에 달려 있고, 하루 계획은 아침에 달려 있다.

 단어 计 jì 명 계획, 방책 • 晨 chén 명 새벽, 아침

실력이 부족할 땐 菜

요즘 중국 인터넷에 菜라는 단어가 굉장히 자주 등장하는데요. 菜는 인터넷 유행어로, 어떤 사람의 수준이나 기술이 '약하다', '떨어지다'라는 의미로 쓰이며 '부족하다'라는 뜻의 差와 발음이 비슷해요. 또 菜鸟는 '신입', '풋내기'라는 의미로 어떤 방면에서 실력이 약한 사람을 뜻한다고 해요.

🎬 菜 살펴보기

◆ (어떤 사람의) 수준, 실력, 기술이 **약하다**, **떨어지다**, **형편없다**

> 我的英语水平太菜了。
> Wǒ de Yīngyǔ shuǐpíng tài cài le.
> 내 영어 실력은 형편없어.

> 我的PS技术太菜了。
> Wǒ de PS jìshù tài cài le.
> 내 포토샵 기술은 형편없어.

> 我觉得我打篮球打得越来越菜。
> Wǒ juéde wǒ dǎ lánqiú dǎ de yuè lái yuè cài.
> 내 농구 실력이 갈수록 형편없어 지는 것 같아.

> 你连这个也不知道吗？你太菜了吧！
> Nǐ lián zhège yě bù zhīdào ma? Nǐ tài cài le ba!
> 너 이것도 몰라? 너 진짜 못한다!

A **你打游戏打得怎么样?**
Nǐ dǎ yóuxì dǎ de zěnmeyang?
너 게임 잘해?

B **我打得太菜了***。
Wǒ dǎ de tài cài le.
나 게임 정말 못해.

Plus⊕ '不是我的菜'는 무슨 뜻일까요?

不是我的菜는 '내가 좋아하는 스타일이 아니다'라는 의미로, 여기서 菜는 '스타일', '취향'을
뜻해요.

⊕ **我喜欢吃你的菜，你不是我的菜。**
Wǒ xǐhuan chī nǐ de cài, nǐ bú shì wǒ de cài.
네가 만든 음식을 좋아하지만 넌 내 스타일 아니야.

⊕ **你很有魅力，但你不是我的菜。**
Nǐ hěn yǒu mèilì, dàn nǐ bú shì wǒ de cài.
너 되게 매력 있어, 근데 내 스타일은 아니야.

 단어 **越来越** yuèláiyuè 뷔 더욱더, 점점 ‧ **魅力** mèilì 몡 매력

시간이 걸리다고 말할 땐 要

要는 일상생활에서 자주 쓰는 다의어 중 하나로 그 뜻이 정말 다양한데요. 그중 [要+시간의 양]의 패턴은 어떤 일에 '시간이 쓰이다'라는 말이에요. 시간이 얼마나 걸리는지 물어볼 때는 [要+多长时间/多久]의 패턴을 말할 수 있어요. 또 조동사로 미래에 어떤 행동이나 사건이 '(발생)할 것이다'라는 의미로 쓰여요.

要 살펴보기

◆ 시간이 <u>걸리다</u>, <u>소요되다</u>

> 我每天坐地铁上班要一个小时。
> Wǒ měitiān zuò dìtiě shàngbān yào yí ge xiǎoshí.
> 나는 매일 지하철을 타고 출근하는데, 1시간 걸린다.

> 我在写报告还要半个小时，你先回家吧。
> Wǒ zài xiě bàogào hái yào bàn ge xiǎoshí, nǐ xiān huíjiā ba.
> 리포트 쓰는데 앞으로 30분 더 걸려, 너 먼저 가.

> A 从北京到上海坐飞机要多久？
> Cóng Běijīng dào Shànghǎi zuò fēijī yào duō jiǔ?
> 베이징에서 상하이까지 비행기로 얼마나 걸려?

> B 大概两个小时左右。
> Dàgài liǎng ge xiǎoshí zuǒyòu.
> 대략 2시간 정도 걸려.

② (행동이나 사건이)장차 발생할 것이다

✓ **你穿得太少了，要*感冒的。**

Nǐ chuān de tài shǎo le, yào gǎnmào de.

너 옷 얇게 입어서 감기 걸리겠다.

> **Tip** 会와 쓰임새가 비슷하여 부정
> 을 할 때는 不会로 표현해요.

✓ **你这样做要后悔的。**

Nǐ zhèyàng zuò yào hòuhuǐ de.

너 이렇게 하면 후회할 거야.

Plus⊕ **그밖의 '시간 소요' 표현**

또 시간이 얼마나 걸리는지 물어볼 때는 [用/得/需要+多长时间]의 패턴으로 쓸 수 있어요.

⊕ **看完这本书需要多长时间?**

Kànwán zhè běn shū xūyào duō cháng shíjiān?

이 책을 다 읽는데 얼마나 걸려?

⊕ **染发还得多长时间?**

Rǎnfà hái děi duō cháng shíjiān?

염색은 얼마나 더 걸려요?

 报告 bàogào 몡 리포트 · **大概** dàgài 뷔 대강, 대략 · **左右** zuǒyòu 몡 가량, 정
도 · **染发** rǎnfà 동 염색하다

깊이 안다고 말할 땐 懂

'알다'하면 떠오르는 단어 知道가 '사람이나 사물에 대해 표면적으로 알다'라는 의미라면, 懂은 '사람의 도리나 사물의 이치를 알다'라는 의미로 뉘앙스와 쓰임새에 차이가 있어요. 懂 뒤에는 주로 단음절 혹은 이음절 목적어가 와요.

🎬 懂 살펴보기

◆ 본질, 이치, 도리를 깊이 **알다**, **이해하다**

☑ 你懂音乐吗?
Nǐ dǒng yīnyuè ma?
너 음악에 대해 잘 아니?

☑ 我懂这个行业。
Wǒ dǒng zhège hángyè.
난 이 업계에 대해 잘 알아.

☑ 他既懂业务又懂外语，很厉害！
Tā jì dǒng yèwù yòu dǒng wàiyǔ, hěn lìhài!
그는 업무 능력과 외국어 실력을 겸비한 사람이야. 대단해!

☑ 我不太懂茶道，如果有机会的话，我想学习。
Wǒ bú tài dǒng chádào, rúguǒ yǒu jīhuì dehuà, wǒ xiǎng xuéxí.
다도는 잘 모르지만, 기회가 되면 배워보고 싶어.

A 我买什么牌子的手机比较好呢?

Wǒ mǎi shénme páizi de shǒujī bǐjiào hǎo ne?

나 어떤 브랜드의 핸드폰을 사는 게 좋을까?

B 你要买手机吗？ 手机我最懂!

Nǐ yào mǎi shǒujī ma? Shǒujī wǒ zuì dǒng!

핸드폰 사려고? 핸드폰은 내가 잘 알지!

Plus⊕ '你懂的'는 무슨 뜻일까요?

你懂的는 인터넷 유행어로, 서로 마음이 통해 굳이 말을 안 해도 '너 알지?'라는 뉘앙스가 깔려 있어요.

⊕ 我有多么爱你，你懂的!

Wǒ yǒu duōme ài nǐ, nǐ dǒng de!

내가 널 얼마나 사랑하는지 너 알지!

⊕ 明天我过生日，我要什么礼物，你懂的!

Míngtiān wǒ guò shēngrì, wǒ yào shénme lǐwù, nǐ dǒng de!

내일 내 생일인데, 내가 뭐 갖고 싶은지 너 알지!

 단어　行业 hángyè 명 업계 • 既…又… jì…yòu… ~하기도 하고 ~하기도 하다 • 业务 yèwù 명 업무, 일 • 茶道 chádào 명 다도 • 牌子 명 páizi 브랜드

바쁘게 일한다고 할 땐 忙

아직도 忙을 '바쁘다'라고만 알고 있나요? 원어민은 일상생활에서 '서둘러 ~하다'라는 동사의 의미로 자주 사용해요. 이때 '일을 빨리 해치우려고 바삐 움직이다'라는 뉘앙스를 풍겨요.

忙 살펴보기

◆ 급하게 움직여 **서두르다, 바쁘게 일하다**

> **会议结束了，大家都去忙吧。**
> Huìyì jiéshù le, dàjiā dōu qù máng ba.
> 회의 끝났으니 모두들 각자 일 보세요.

> **我最近忙着*写毕业论文。**
> Wǒ zuìjìn mángzhe xiě bìyè lùnwén.
> 난 요즘에 졸업 논문을 쓰느라 바빠.

Tip 忙着는 '(어떤 일로) 바쁘다'라는 의미예요.

> **我每天都忙到晚上十点才回家。**
> Wǒ měitiān dōu máng dào wǎnshang shídiǎn cái huíjiā.
> 난 매일 저녁 10시까지 정신없이 일하고 집에 간다.

> **等你忙完了，记得给我回个电话。**
> Děng nǐ mángwán le, jìde gěi wǒ huí ge diànhuà.
> 바쁜 일 끝나면 전화 좀 주세요.

(在电话里)

A 今天晚上你有空吗?

Jīntiān wǎnshang nǐ yǒu kòng ma?

오늘 저녁에 시간 있어?

B 不好意思,今天我妈妈过生日,一下班就得回家,改天吧。

Bù hǎoyìsi, jīntiān wǒ māma guò shēngrì, yī xià bān jiù děi huíjiā, gǎitiān ba.

미안한데, 오늘은 엄마 생일이라 퇴근하고 바로 집에 가야 해. 다음에 보자.

A 好,那你去忙吧,拜拜。

Hǎo, nà nǐ qù máng ba, báibái.

그래, 그럼 어서 가 봐. 잘 가.

 得 [조] děi (마땅히) ~해야 한다 • 论文 lùnwén [명] 논문 • 记得 jìde [동] 기억하다, 기억하고 있다

Unit ⑧

'재미', '성의', '관심'을 한 단어로 意思

궁금한 것을 선생님이나 친구에게 물어볼 때 중국어로 "这是什么意思? 이건 무슨 뜻이야?"라는 말을 자주 사용하죠? 여기서 意思는 '뜻', '의미'를 나타내는데, 이 단어로만 알고 있기엔 너무 아쉬운 단어예요. 중국인의 생활 밀착형 단어인 意思의 다양한 용법을 마스터 해 보세요!

🎬 意思 살펴보기

① 재미

> ✔ 这部电影挺有意思的！你有空看看吧。
> Zhè bù diànyǐng tǐng yǒu yìsi de! Nǐ yǒu kòng kànkan ba.
> 이 영화 진짜 재미있어. 시간이 되면 한번 봐봐.

② 성의, 성의 표시를 하다

> ✔ 这是我的一点小意思，请收下吧。
> Zhè shì wǒ de yìdiǎn xiǎoyìsi, qǐng shōuxià ba.
> 이건 내 작은 성의야, 받아 줘.

> ✔ 这次他帮了你这么大的忙，你得意思意思*！
> Zhècì tā bāngle nǐ zhème dà de máng, nǐ děi yìsi yìsi!
> 이번에 그에게 도움을 많이 받았는데, 너 성의 표시는 해야지.

 Tip 意思意思는 '성의 표사를 하다'는 의마를 나타내요.

❸ 생각, 의견

✅ 我先问问明明的意思，然后再跟你说吧。
Wǒ xiān wènwen Míngming de yìsi, ránhòu zài gēn nǐ shuō ba.
먼저 밍밍이의 의견을 좀 물어보고, 다시 너한테 얘기해 줄게.

❹ 관심, 애정

✅ 男生对女生有意思的三个表现，你知道吗？
Nánshēng duì nǚshēng yǒu yìsi de sān ge biǎoxiàn, nǐ zhīdào ma?
남자가 여자에게 관심있을 때 하는 세 가지 행동을 알고 있니?

♠ 같이 보면 좋아요! Chapter 1 · Unit 10

Plus⊕ '够意思'는 무슨 뜻일까요?

够意思는 사전적 의미로 '대단하다'라는 뜻을 가지고 있지만 친구 사이에 쓰면 '의리가 있다', '친구답다'라는 의미로 쓸 수 있어요. 또 够朋友로 대체하기도 해요.

⊕ 今天你还陪我去医院，真够意思啊！
Jīntiān nǐ hái péi wǒ qù yīyuàn, zhēn gòuyìsi a!
오늘 나랑 병원도 같이 가 주고 진짜 의리 있네!

⊕ 你每年都陪我过生日，真够朋友啊！
Nǐ měinián dōu péi wǒ guò shēngrì, zhēn gòupéngyou a!
매년 생일을 함께 해주고 진짜 의리 있네!

 收下 shōuxià 동 받다 • 然后 ránhòu 접 연후에, 그리고 나서 • 表现 biǎoxiàn 명
표현, 태도

핫하고 인기 있을 땐 红

'붉은 색'을 뜻하는 红은 중국의 명절, 결혼식, 개업식 등 즐거운 날에 빠지 않고 등장
하죠. 이러한 红은 회화에서 어떤 의미로 사용할까요? 예전에 2NE1의 〈내가 제일 잘
나가〉라는 곡이 중국에서 인기 있었는데, 이때 이 곡의 중국어 제목이 《我最红》이었
어요. 여기서 红은 '인기 있다'라는 의미로 일상생활에서 자주 사용하는 단어이니 꼭
기억해 두세요!

红 살펴보기

🔴 대중의 높은 관심에 **인기가 있다**

今年最红的网剧是什么?
Jīnnián zuì hóng de wǎngjù shì shénme?
올해 가장 핫한 웹 드라마는 뭐야?

现在中国最红的网红是谁?
Xiànzài Zhōngguó zuì hóng de wǎnghóng shì shéi?
지금 중국에서 가장 인기 있는 왕홍은 누구야?

A 这个演员是怎么红起来*的?
Zhège yǎnyuán shì zěnme hóng qǐlái de?
이 배우는 어떻게 인기를 얻게 된 거야?

 Tip 起来는 동사 뒤에
붙어 동작인 상황이
시작됨을 나타내요.

B 她又漂亮又可爱，她演的电视剧我都看了。
Tā yòu piàoliang yòu kě'ài, tā yǎn de diànshìjù wǒ dōu kàn le.
예쁘고 귀엽잖아. 그녀가 출연한 드라마는 다 봤어.

他给我介绍了好几家网红餐厅。

Tā gěi wǒ jièshàole hǎo jǐ jiā wǎnghóng cāntīng.

그가 SNS 인기 맛집을 여러 곳 알려줬어.

❷ 별도의 **상여금, 배당금**

我今天拿到了年终分红。

Wǒ jīntiān nádàole niánzhōng fēnhóng.

나 오늘 연말 상여금 받았어.

Plus⊕ '火'는 무슨 뜻일까요?

火는 '인기가 있다'라는 의미로 자주 쓰는 입말 표현이니까 꼭 기억해 두세요!

⊕ 现在最火的综艺节目是什么？

Xiànzài zuì huǒ de zōngyì jiémù shì shénme?

지금 가장 핫한 예능 프로그램은 뭐야?

⊕ 听说最近这本书很火。

Tīngshuō zuìjìn zhè běn shū hěn huǒ.

요즘에 이 책이 인기가 있대.

 网剧 wǎngjù 몡 웹 드라마 • 网红 wǎnghóng 몡 인플루언서[网络红人의 줄임말]
网红餐厅 wǎnghóng cāntīng 몡 (SNS 속) 인기 맛집 • 综艺节目 zōngyì jiémù
몡 예능 프로그램 • 年终分红 niánzhōng fēnhóng 연말에 이익을 분배하다

'헛되이'는 白

중국에서 빨간색이 '행운'의 상징이라면, 흰색은 '죽음'을 상징해요. 그래서 '경조사'를 중국어로 红白事라고 표현하죠. 白가 부사적 용법으로 쓰이면 '헛되이', '쓸데없이'라는 의미로 화자의 기준에서 '아무런 보람이 없다'는 뉘앙스를 풍겨요. 주로 동사 跑, 说, 费, 学 등과 어울려 사용해요.

🎬 白 살펴보기

❶ 아무 보람이나 득없이 쓸데없이, 헛되이

> 他有事已经离开了，你白跑了一趟。
> Tā yǒu shì yǐjīng líkāi le, nǐ bái pǎole yítàng.
> 그는 일이 있어서 갔어, 헛걸음했네.

> 我都讲了好几次，你还不懂?! 我白说了。
> Wǒ dōu jiǎngle hǎo jǐcì, nǐ hái bù dǒng? Wǒ bái shuō le.
> 내가 몇 번이나 말했는데, 아직도 모르겠니? 괜히 말했네.

> 这张专辑超好听! 真是没白等啊!
> Zhè zhāng zhuānjí chāo hǎotīng! Zhēn shì méi bái děng a!
> 이 앨범 완전 좋다! 정말 기다림이 헛되지 않았네!

> 这一年我觉得没有什么收获，真是白费力气了。
> Zhè yīnián wǒ juéde méiyǒu shénme shōuhuò, zhēn shì báifèi lìqi le.
> 이번 해에는 별 소득이 없을 것 같아, 완전히 헛고생했네.

> (Tip) 白费力气는 白忙活로 대체할 수 있어요.

❷ 얕잡아 보거나 불만의 표시로 **흘겨보다, 째려보다**

✅ 她突然白了我一眼。

Tā túrán báile wǒ yìyǎn.
그녀가 갑자기 날 째려봤어.

Plus⊕ **'白手起家'는 무슨 뜻일까요?**

우리는 '자수성가'를 사자성어로 自手成家라고 표현하죠. 그렇다면 중국어도 같은 사자성어
로 표현할까요? 아니요. 중국어로 白手起家, 직역하면 '맨주먹으로 집안을 일으키다'는 뜻으
로 '자수성가'를 의미해요.

➕ 王先生是一位白手起家创业的人。

Wáng xiānshēng shì yí wèi báishǒu qǐjiā chuàngyè de rén.
왕 선생은 자수성가한 사업가야.

 红白事 hóngbáishì 몡 경조사 · 专辑 zhuānjí 몡 앨범 · 收获 shōuhuò 몡 성과,
소득 · 白费力气 báifèi lìqi 헛수고하다 · 创业 chuàngyè 통 창업하다

누군가를 차단할 땐 黑

黑는 '검다', '어둡다'라는 의미로 주로 부정적인 의미로 쓰여요. 인터넷 유행어인 拉黑는 '끌다'라는 의미의 拉와 '블랙 리스트'라는 의미의 黑(=黑名单)가 합쳐진 인터넷 신조어로 '차단하다'는 의미를 나타내요. 주로 [把+(대상)+拉黑了]의 패턴으로 쓰이며 '~를 차단하다'라고 해석해요.

黑 살펴보기

❶ 다른 것과의 관계나 접촉을 **차단하다**, 감시가 필요한 **블랙리스트**

✅ 我早就把他拉黑了。
Wǒ zǎojiù bǎ tā lāhēi le.
난 진작에 걔 차단했어.

✅ 你为什么把他拉黑了?
Nǐ wèishéme bǎ tā lāhēi le?
넌 왜 그를 차단한 거야?

✅ A 你跟明明还联系吗?
Nǐ gēn Míngming hái liánxì ma?
너 밍밍이랑 아직 연락해?

B 我跟他分手后，把他拉黑了。
Wǒ gēn tā fēnshǒu hòu, bǎ tā lāhēi le.
헤어지고 나서 걔 차단했어.

❷ 남에게 드러내지 않는 **은밀한, 비밀의**

✓ 这些网络黑话，我一点儿也看不懂。
Zhèxiē wǎngluò hēihuà, wǒ yìdiǎnr yě kàn bu dǒng.
이런 인터넷 은어는 무슨 뜻인지 하나도 모르겠어.

❸ 마음이 음흉하고 **악독하다**

✓ 他怎么敢做这种事呢？太黑心了！
Tā zěnme gǎn zuò zhè zhǒng shì ne? Tài hēixīn le.
걔가 어떻게 감히 이런 일을 저질렀지? 너무 못됐다!

Plus⁺ **재미있는 인터넷 유행어**

xswl : 笑死我了 xiào sǐ wǒ le 웃겨죽겠다
sk : 生日快乐 shēngrì kuàilè 생일 축하해요
pyq : 朋友圈 péngyou quān 위챗 모멘트

dbq : 对不起 duìbuqǐ 미안해
blx : 玻璃心 bōli xīn 유리멘탈
bhys : 不好意思 bù hǎoyìsi 실례합니다

 黑名单 hēimíngdān 몡 블랙 리스트 • 早就 zǎojiù 用 진작 • 分手 fēnshǒu 통
헤어지다 • 黑话 hēihuà 몡 은어 • 黑心 hēixīn 혱 심보가 고약하다 • 敢 gǎn 用
감히, 대담하게

Unit ⑫

일을 실패했을 땐 黄

黄은 '황색', '황금'을 뜻하며 중국에서는 부와 명예, 권력을 뜻하는 황제의 색으로 통하죠. 이러한 고귀함을 상징하는 黄의 반전 의미를 알고 있나요? 자신이 하려고 하는 어떤 일이 어그러질 때 '실패하다', '깨지다'는 의미로 자주 사용하고 또 건전하지 못하고 문란한 상태 혹은 그런 태도를 말할 때 '퇴폐적이다', '선정적이다'라는 의미로도 사용해요.

🎬 黄 살펴보기

❶ 일, 사업, 연애, 계획 등이 **실패하다, 깨지다**

> ♥ **我的生意又黄了。**
> Wǒ de shēngyi yòu huáng le.
> 내 사업은 또 실패했어.

> ♥ **我没想到合同突然黄了。**
> Wǒ méi xiǎngdào hétóng tūrán huáng le.
> 난 계약이 실패할 줄 상상도 못했어.

> ♥ A **你恋爱谈得怎么样?**
> Nǐ liàn'ài tán de zěnmeyàng?
> 연애 사업은 어때?

> B **别提了，没谈多久，就黄了。**
> Bié tí le, méi tán duō jiǔ, jiù huáng le.
> 말도 마, 연애한지 얼마 안 됐는데, 깨졌어.

♣ 같이 보면 좋아요! Chapter 1 · Unit 20

❷ 도덕이나 풍속, 문화 따위가 **퇴폐적이다, 선정적이다**

我室友经常偷偷看黄色小说。

Wǒ shìyǒu jīngcháng tōutōu kàn huángsè xiǎoshuō.

내 룸메이트는 19금 소설을 종종 몰래 봐.

Plus⁺ **'黄色'는 무슨 뜻일까요?**

黄色는 부정적인 의미로 '야하다' 혹은 '음란물'이라는 뜻을 담고 있어요. 우리나라에서 빨간색이 19금의 상징이지만, 중국에서는 노란색이 19금의 상징이에요.

黄色笑话 huángsè xiàohuà 음담 패설   黄色书刊 huángsè shūkān 음란 서적
黄色电影 huángsè diànyǐng 에로 영화   黄色网站 huángsè wǎngzhàn 음란 사이트

 合同 hétóng 몡 계약 • 谈恋爱 tán liàn'ài 동 연애하다 • 别提 biétí 말하지 마라, 말도 마라 • 偷偷 tōutōu 뷔 남몰래, 슬며시

따라간다고 할 땐 跟

跟은 '～와(과)'라는 의미로 자주 사용하는데요. 실제 원어민은 어떤 대상을 '따라가다'는 의미로도 자주 사용해요. 이때 跟은 동태조사 着 또는 방향보어 上 등과 어울려 쓰여요. 그 외에 '어떤 대상에게 배우다'라는 의미로 사용하기도 해요.

跟 살펴보기

❶ 어떤 대상을 **따라가다**, **뒤따르다**

❤ **请跟我来。**
Qǐng gēn wǒ lái.
저를 따라오세요.

❤ **你走得太快了，我跟不上。**
Nǐ zǒu de tài kuài le, wǒ gēnbushàng.
네가 너무 빨리 걸어서 따라가지 못하겠어.

❤ A **你会包饺子吗?**
Nǐ huì bāo jiǎozi ma?
너 만두 빚을 줄 알아?

B **我会一点儿，小时候，我是跟着妈妈学的。**
Wǒ huì yìdiǎnr, xiǎo shíhou, wǒ shì gēnzhe māma xué de.
나 좀 할 줄 알아, 어릴 때 엄마 따라 배웠어.

❷ 어떤 대상에게 배우다

💬 **老师，我想跟您学习太极拳。**
Lǎoshī, wǒ xiǎng gēn nín xuéxí tàijíquán.
선생님, 저 태극권 배우고 싶어요.

💬 **你唱得这么好，你是跟谁学的？**
Nǐ chàng de zhème hǎo, nǐ shì gēn shéi xué de?
넌 노래를 어쩜 이렇게 잘하니, 누구한테 배운 거야?

Plus⊕ **유용한 SNS 용어**

关注는 원래 '관심을 가지다'라는 뜻을 가지고 있지만, SNS에서는 '팔로우를 하다'라는 의미로 사용해요. 取关는 取消关注의 준말로 '관심을 철회하다', 즉 '언팔하다'는 의미를 나타내요. 마지막으로 点赞는 '누르다'의 点과 '칭찬하다'의 赞의 합성어로, SNS에서는 '좋아요를 누르다'라는 의미로 사용해요.

⊕ **如果你喜欢我的视频，记得点赞关注哦！**
Rúguǒ nǐ xǐhuan wǒ de shìpín, jìde diǎn zàn guānzhù ò!
영상이 마음에 든다면 좋아요, 구독 잊지 마세요!

 跟不上 gēnbushàng 동 따라갈 수 없다 • 包饺子 bāo jiǎozi 만두를 빚다 • 太极拳 tàijíquán 명 태극권 • 视频 shìpín 명 동영상

뭔가를 맡아서 책임을 질 땐 包

우리에게 익숙한 단어인 包는 회화에서 '책임지다', '보증하다'라는 의미로 자주 쓰여요. 회사 팀 프로젝트에 어떤 문제가 생겨 "내가 책임질게!"라고 말할 때 负责가 가장 먼저 떠오르죠? 자신감 있는 어조로 말하고 싶을 때는 包를 더 많이 사용해요. [包+在我身上+대상]의 패턴으로 대상에는 问题, 事情 등이 올 수 있어요. 또 '보증하다'라는 의미로 상대방에게 강력 추천할 때도 쓸 수 있어요.

🎬 包 살펴보기

◆ 어떤 일이나 비용을 맡아 **책임지다**

✓ **你怕什么？这件事包在我身上。**
Nǐ pà shénme? Zhè jiàn shì bāo zài wǒ shēnshang.
뭘 걱정해? 이번 일은 내가 책임질게.

> **Tip** 包앞에 放心, 怕什么, 没问题 등의 단어가 주로 쓰여요

✓ **你放心！这个问题包在我身上。**
Nǐ fàngxīn! Zhège wèntí bāo zài wǒ shēnshang.
걱정하지 마, 이 문제는 나한테 맡겨.

A **假期的时候，你能帮我照顾一下我的狗吗？**
Jiàqī de shíhou, nǐ néng bāng wǒ zhàogù yíxià wǒ de gǒu ma?
휴가 때 우리 강아지를 좀 돌봐 줄 수 있어?

B **没问题！包在我身上。**
Méi wèntí! Bāo zài wǒ shēnshang.
그럼! 나한테 맡겨.

❷ 책임지고 **보증하다**

☑ **你尝尝我的手艺吧，包你满意。**
Nǐ chángchang wǒ de shǒuyì ba, bāo nǐ mǎnyì.
내 솜씨 맛 좀 봐봐. 네 마음에 들 거야.

☑ **这家餐厅大受好评，包你满意*。**
Zhè jiā cāntīng dà shòu hǎopíng, bāo nǐ mǎnyì.
이 식당은 평이 너무 좋아서 네 마음에 들 거야.

Tip 包你满意는 상대방에게 강력 추천할 때 쓰는 표현이에요.

❸ 너그러운 마음으로 **포용하다, 용납하다**

☑ **每个人都有缺点，我们要互相包容。**
Měigè rén dōu yǒu quēdiǎn, wǒmen yào hùxiāng bāoróng.
누구에게나 단점은 있어, 우린 서로 너그럽게 감싸줘야 해.

☑ **谢谢你对我的包容和理解。**
Xièxie nǐ duì wǒ de bāoróng hé lǐjiě.
날 이해해주고 감싸줘서 고마워.

 手艺 shǒuyì 몡 솜씨 • 大受好评 dà shòu hǎopíng 큰 호평을 받다

'항상'을 의미하는 老

老는 다의어로 그 뜻이 무려 17가지가 넘는데요. 이러한 老하면 어떤 뜻이 가장 먼저 떠오르나요? 실생활에서 '자주', '항상'이라는 뜻으로 자주 사용되며 이때는 주로 부정적인 뉘앙스를 담고 있어요. 또 '원래의'라는 의미로 변하지 않고 그대로이거나 그러한 상태를 나타내기도 해요.

🎬 老 살펴보기

❶ 변함없이 늘, 항상, 자주, 자꾸

✔ **他老问我这个问题。**
Tā lǎo wèn wǒ zhège wèntí.
그는 항상 나한테 물어봐.

✔ **你怎么老玩手机呀?**
Nǐ zěnme lǎo wán shǒujī ya?
넌 왜 항상 핸드폰만 봐?

✔ **你别老跟他发脾气!**
Nǐ bié lǎo gēn tā fā píqi!
너 자꾸 걔한테 성질 좀 내지 마!

✔ **别老在我面前秀恩爱!**
Bié lǎo zài wǒ miànqián xiù ēn'ài!
내 앞에서 자꾸 애정 표현하지 마!

A 你别老跟我开玩笑，我是认真的。

Nǐ bié lǎo gēn wǒ kāi wánxiào, wǒ shì rènzhēn de.

너 자꾸 나한테 농담하지 마. 나 진지해.

B 好。

Hǎo.

알겠어.

② 원래의, 본래의

你一点儿都没变，还是老样子！

Nǐ yìdiǎnr dōu méi biàn, háishì lǎo yàngzi!

넌 하나도 안 변했다, 여전하네!

咱们周末在老地方见吧。

Zánmen zhōumò zài lǎo dìfang jiàn ba.

우리 주말에 늘 만나던 곳에서 보자.

 发脾气 fā píqi 화를 내다. 성질을 내다 • 面前 miànqián 몡 면전, 앞 • 秀恩爱 xiù ēn'ài 애정을 과시하다

판단하여 추측할 땐 应该

'마땅히 ~해야 한다'는 의미로 자주 쓰이는 应该은 추측하여 말할 때에도 쓸 수 있는 표현이에요. 이때 '틀림없이 ~일 것이다'라는 의미로 추측을 나타내는 조동사 숲나 어기조사 吧와 어울려 사용되며 一定보다는 확신의 강도가 약해요.

应该 살펴보기

◆ 사실에 미루어 **틀림없이 ~일 것이다**

> 我想你应该会明白我的意思。
> Wǒ xiǎng nǐ yīnggāi huì míngbai wǒ de yìsi.
> 난 네가 내 뜻을 분명히 알 거라고 생각해.

> 王先生应该会记得你。
> Wáng xiānsheng yīnggāi huì jìde nǐ.
> 왕 선생님은 틀림없이 널 기억할 거야.

> 如果你穿上这件衣服，应该会很好看。
> Rúguǒ nǐ chuān shàng zhè jiàn yīfu, yīnggāi huì hěn hǎokàn.
> 네가 이 옷을 입으면 잘 어울릴 것 같아.

> 你的英语说得这么好，你跟外国人沟通应该没有问题吧。
> Nǐ de Yīngyǔ shuō de zhème hǎo, nǐ gēn wàiguórén gōutōng yīnggāi méiyǒu wèntí ba.
> 넌 영어를 어쩜 그렇게 잘하니, 외국인과 소통하는데 문제없겠다.

A 咱们俩是不是见过?
Zánmen liǎ shì bu shì jiànguo?
우리 만난 적 있지 않아?

B 应该没有吧。
Yīnggāi méiyǒu ba.
아마 없을 거야.

Plus⊕ 그 밖의 '추측' 표현

可能과 也许는 모두 '아마도', '어쩌면'이라는 의미로 불확실한 추측을 나타내요.

➕ 他可能不知道我在这里。
Tā kěnéng bù zhīdào wǒ zài zhèlǐ.
아마도 그는 내가 여기 있는지 모를 거야.

➕ 我觉得也许有一天会见到他。
Wǒ juéde yěxǔ yǒu yìtiān huì jiàndào tā.
아마도 언젠가 그를 만나게 될 거 같아.

♠같이 보면 좋아요! Chapter 2 · Unit 25

 穿上 chuān shàng 입어 보다 • 沟通 gōutōng 图 소통하다. 교류하다 • 见到 jiàndào 图 만나다

알아보거나 조사할 땐 了解

了解는 실생활에서 정말 많이 쓰는 단어 중 하나로, 간혹 '이해하다'로 해석하기 애매할 때가 있어요. 어떤 상황이나 일에 대해 명확히 알고 싶을 때 사용하며 이때 '알아보다', '조사하다'라는 의미로 해석할 수 있어요.

🎬 了解 살펴보기

◆ 일의 사정이나 상황을 **알아보다, 조사하다**

✅ **我想了解一下这里的情况。**
Wǒ xiǎng liǎojiě yíxià zhèlǐ de qíngkuàng.
여기 상황을 좀 알아보고 싶어.

✅ **我有一件事想了解一下。**
Wǒ yǒu yí jiàn shì xiǎng liǎojiě yíxià.
알아보고 싶은 일이 좀 있어.

✅ **这件事我已经了解清楚了。**
Zhè jiàn shì wǒ yǐjīng liǎojiě qīngchu le.
이 일은 이미 내가 확실하게 조사했어.

✅ **到底怎么回事，我去找他了解一下吧。**
Dàodǐ zěnme huí shì, wǒ qù zhǎo tā liǎojiě yíxià ba.
도대체 어찌 된 일인지 그를 찾아가 물어봐야겠어.

A 明年我打算去北京留学，你能帮我了解一下那所大学的信息吗？

Míngnián wǒ dǎsuàn qù Běijīng liúxué, nǐ néng bāng wǒ liǎojiě yíxià nà suǒ dàxué de xìnxī ma?

내년에 베이징으로 유학 갈 생각인데 그 대학교에 대해 좀 알아봐 줄 수 있어?

B 没问题。

Méi wèntí.

그래.

Plus⊕ 'OO了解一下'는 무슨 뜻일까요?

2018년 저우제룬(周杰伦) 콘서트에 걸린 플래카드가 화제가 된 적이 있어요. '游泳健身了解一下!'(수영, 피트니스 좀 알아보자)라는 내용으로 다소 살이 붙은 저우제룬에게 팬들이 우회적으로 다이어트를 언급한 것인데요. 이후 본심을 우회적으로 표현하고 싶을 때 'OO了解一下'를 써 표현한다고 하네요.

⊕ 你太瘦了! 烤肉、可乐了解一下!

Nǐ tài shòu le! Kǎoròu, kělè liǎojiě yíxià!

너무 말랐어! 고기, 콜라 좀 알아봐!

⊕ 英语网络课程，了解一下。

Yīngyǔ wǎngluò kèchéng, liǎojiě yíxià.

영어 온라인 수업을 좀 알아보세요. (광고 문구)

 单어 所 suǒ 양 개, 곳[집이나 학교건물에 쓰임] • 网络课程 wǎngluò kèchéng 온라인 수업

'골칫거리'는 麻烦

麻烦은 '번거롭게 하다'는 의미로, 누군가에게 부탁하거나 고마운 마음을 표현할 때 습관적으로 쓰는 인사말 중 하나이죠. 이러한 麻烦의 반전 뜻을 알고 있나요? 麻烦은 성가시거나 난처한 일을 가리키는 말로, '골칫거리', '문제'라는 의미로도 사용해요. 烦은 '성가시다'는 뜻으로 의미가 어느 정도 상통하지요?

🎬 麻烦 살펴보기

◆ 성가시거나 처리하기 어려운 **골칫거리**, **문제**

💬 **你遇到什么大麻烦了？**
Nǐ yùdào shénme dà máfan le?
무슨 큰 문제라도 생겼니?

💬 **他总是自己找麻烦。**
Tā zǒngshì zìjǐ zhǎo máfan.
걔는 늘 스스로 골칫거리를 만들어.

💬 **你怎么解决生活中的各种麻烦？**
Nǐ zěnme jiějué shēnghuó zhōng de gèzhǒng máfan?
넌 일상생활 속 문제들을 어떻게 해결하니?

💬 **万一妈妈知道这件事，那就麻烦大了！**
Wànyī māma zhīdào zhè jiàn shì, nà jiù máfan dà le!
엄마가 이 일을 알게 되면 문제가 커져!

A 小李，你怎么还不下班啊？
Xiǎo Lǐ, nǐ zěnme hái bù xiàbān a?
샤오리, 왜 아직도 퇴근 안 했어?

B 我在工作上遇到了一些麻烦。
Wǒ zài gōngzuò shàng yùdàole yìxiē máfan.
일에 문제가 좀 생겼어.

Plus＋ '给你添麻烦'은 무슨 뜻일까요?

상대에게 고마운 마음이나 미안한 마음을 전할 때 자주 쓰는 표현으로 '폐를 끼치다', '신세를 지다'로 해석할 수 있어요.

＋ 谢谢你帮忙！这次我给你添麻烦了。
Xièxie nǐ bāngmáng! Zhècì wǒ gěi nǐ tiān máfan le.
도와줘서 고마워! 이번에 내가 신세졌어.

＋ 对不起，我给你添了不少麻烦。
Duìbuqǐ, wǒ gěi nǐ tiānle bùshǎo máfan.
미안해. 내가 신세 많이 졌어.

 遇到 yùdào 동 만나다, 맞닥뜨리다 · 总是 zǒngshì 부 늘, 줄곧 · 万一 wànyī 접 만일, 만약

마을을 다잡고 정리할 땐 收拾

收拾는 '치우다'라는 의미로, 뒤에 목적어로 구체적인 사물이나 추상적인 사물이 모두 올 수 있어요. 收拾心情은 '마음을 가다듬다'라고 해석하는데요. 여기서 收拾는 '가다듬다'라는 의미로 주로 중첩하거나 뒤에 一下를 붙여 사용해요. 또 입말 표현으로 '벌을 주다', '혼을 내다'라는 의미로 사용하기도 해요.

🎬 收拾 살펴보기

🔸 정신, 마음, 생각 따위를 다잡아 **정돈하다, 가다듬다**

💬 **星期一了，大家收拾一下心情，努力工作！**
Xīngqīyī le, dàjiā shōushi yíxià xīnqíng, nǔlì gōngzuò!
월요일이니까 모두들 마음 가다듬고 열심히 일합시다!

💬 **分手算什么呀！赶紧收拾收拾，重新出发(开始)吧。**
Fēnshǒu suàn shénme ya! Gǎnjǐn shōushi shōushi chóngxīn chūfā (kāishǐ) ba.
이별이 뭐 대수라고! 빨리 마음을 좀 추스르고 다시 시작하자!

💬 A **假期结束了吗？**
Jiàqī jiéshù le ma?
휴가 끝났어?

B **对，昨天我刚回来，收拾一下心情，明天就要去上班了。**
Duì, zuótiān wǒ gāng huílái, shōushi yíxià xīnqíng, míngtiān jiùyào qù shàngbān le.
응, 어제 돌아왔어. 마음을 좀 가다듬고 내일 출근해야지.

② 잘못에 대하여 **벌을 주다, 혼을 내다**

✓ 如果你一直不听话，妈妈就收拾你！
Rúguǒ nǐ yìzhí bù tīnghuà, māma jiù shōushi nǐ!
너 계속 말 안 들으면, 엄마가 혼내 줄 거야!

- -

✓ 你等着！看我怎么收拾你！
Nǐ děngzhe! Kàn wǒ zěnme shōushi nǐ!
두고 봐! 내가 너를 어떻게 혼내는지!

Plus ⊕ '调整心情'은 무슨 뜻일까요?

调整은 '조절하다', 心情은 '기분'이라는 뜻으로, 调整心情을 직역하면 '기분을 조절하다', 즉 스스로 감정을 조절하여 '기분을 전환하다', '기분을 풀다'라는 의미예요.

⊕ 你让他冷静下来，调整一下心情。
Nǐ ràng tā lěngjìng xiàlái, tiáozhěng yíxià tā de xīnqíng.
네가 그 사람을 좀 진정시키고 기분을 좀 풀어줘.

⊕ 散步对调整心情有很大的帮助。
Sànbù duì tiáozhěng xīnqíng yǒu hěn dà de bāngzhù.
산책은 기분 전환에 큰 도움이 된다.

 赶紧 gǎnjǐn 凰 서둘러 • 分手 fēnshǒu 동 헤어지다 • 不听话 bù tīnghuà 말을 안 듣다 • 让 ràng 동 ~하게 하다

'상당히'를 의미하는 够

够는 '충분하다'라는 의미로 자주 사용하는 단어인데요. 부사적 용법으로 쓰이면 '상당히', '충분히'라는 의미로 화자의 기준에서 '적지 않다' 혹은 '제법 괜찮다'는 뉘앙스를 풍겨요. 주로 [够+형용사+的(了)]의 패턴으로 쓰여요.

🎬 够 살펴보기

❶ 모자람없이 <u>충분히, 상당히</u> ~하다

> ### 我觉得你的胆子真够大的。
> Wǒ juéde nǐ de dǎnzi zhēn gòu dà de.
> 난 네 용기가 진짜 대단하다고 생각해.

> ### 你又工作，又照顾孩子，真够忙的！
> Nǐ yòu gōngzuò, yòu zhàogù háizi, zhēn gòu máng de!
> 너 일 하랴 아이 돌보랴 정말 바쁘겠다!

> ### 你已经做得够好了！
> Nǐ yǐjīng zuò de gòu hǎo le!
> 넌 이미 충분히 잘 하고 있어!

> ### 别说了，我已经够烦的了。
> Bié shuō le, wǒ yǐjīng gòu fán de le.
> 그만 해, 나 이미 상당히 짜증났거든.

A **天气变冷了，你多穿点衣服。**
　Tiānqì biàn lěng le, nǐ duō chuān diǎn yīfu.
　날이 추워졌는데 좀 따뜻하게 입고 다녀.

B **我已经穿得够多了！**
　Wǒ yǐjīng chuān de gòu duō le!
　나 이미 많이 껴 입었어!

❷ (동작의 행위를) 실컷 하다

现在才六点，我还没睡够*呢！
Xiànzài cái liùdiǎn, wǒ hái méi shuì gòu ne!
지금 겨우 여섯 시잖아. 아직 실컷 못 잤어.

> Tip [동사+够]의 패턴은 주로 짜증나는 상황 에서 사용해요.

你们怎么又在吵架？吵够了没有！
Nǐmen zěnme yòu zài chǎojià? Chǎo gòu le méiyǒu!
너네 왜 또 싸워? 실컷 싸우지 않았니!

 단어 胆子 dǎnzi 명 담력, 용기 • 吵架 chǎojià 동 말다툼을 하다

문장 마스터

⊛ 아래 빈칸을 채우며 배웠던 내용을 복습해 보세요.

01 이 일은 정말 잘 처리했어.

这件事你做(干)得很_____。

02 내가 이미 혼냈으니, 더이상 혼내지 마세요.

我已经____过他了，你别再_____他了。

03 그 사람의 성공 여부는 모두 너한테 달렸어.

他能不能成功，全_____你的了！

04 너 이것도 몰라? 너 진짜 못한다!

你连这个也不知道吗？你太_____了吧！

05 나는 매일 지하철을 타고 출근하는데, 1시간 걸린다.

我每天坐地铁上班____一个小时。

06 핸드폰 사려고? 핸드폰 내가 잘 알지!

你要买手机吗？手机我最_____！

07 바쁜 일 끝나면 전화 좀 주세요.

等你_____完了，记得给我回个电话。

08 이건 내 작은 성의야, 받아 줘.

这是我的一点小_____，请收下吧。

09 올해 가장 핫한 웹드라마는 뭐야?

今年最____的网剧是什么？

10 그는 일이 있어서 갔어, 헛걸음했네.

他有事已经离开了，你_____跑了一趟。

11 난 진작에 걔 차단했어.

我早就把他_____了。

12 말도 마, 연애한지 얼마 안 됐는데, 깨졌어.

别提了，没谈多久，就_____了。

13 어릴 때 엄마 따라 배웠어.

小时候，我是____着妈妈学的。

14 뭘 걱정해? 이번 일은 내가 책임질게.

你怕什么？这件事____在我身上。

15 너 자꾸 나한테 농담하지 마. 나 진지해.

你别_____跟我开玩笑，我是认真的。

16 난 네가 내 뜻을 분명히 알 거라고 생각해.

我想你_____会明白我的意思。

17 알아보고 싶은 일이 좀 있어.

我有一件事想_____一下。

18 일에 문제가 좀 생겼어.

我在工作上遇到了一些_____。

19 월요일이니까 모두들 마음 가다듬고 열심히 일합시다!

星期一了，大家_____一下心情，努力工作！

20 넌 이미 충분히 잘 하고 있어!

你已经做得_____好了！

챕터 2

Chapter ②

익숙한 단어의 숨겨진 의미

PART 2

올인원 QR

Unit ㉑

상대방을 믿고 맡길 땐 交

交는 대표적인 다의어로 '납부하다', '제출하다' 등 정말 다양한 의미를 가지고 있죠. 누군가에게 어떤 일을 맡길 때도 쓸 수 있는데, 이때 뒤에 전치사 给를 붙여 [交给+전달 혹은 수여의 대상]의 패턴으로 사용하거나 전치사 把와 함께 쓸 수 있어요. 또 '교제하다' 혹은 '성립하다'라는 의미로 사용하기도 해요.

🎬 交 살펴보기

◆ 어떤 일을 책임지고 **맡기다, 부탁하다**

✔ **我把这件事交给你，就放心了。**
Wǒ bǎ zhè jiàn shì jiāo gěi nǐ, jiù fàngxīn le.
너한테 이 일을 맡기니 마음이 놓인다.

✔ **我不想把孩子交给保姆。**
Wǒ bù xiǎng bǎ háizi jiāo gěi bǎomǔ.
난 내 아이를 보모에게 맡기고 싶지 않아.

✔ A **你跟丽丽熟悉吗？我需要她的帮忙。**
Nǐ gēn Lìli shúxī ma? Wǒ xūyào tā de bāngmáng.
너 리리랑 친해? 나 그녀의 도움이 필요한데.

B **是吗？那么你就交给我吧，我请她帮个忙。**
Shì ma? Nàme nǐ jiù jiāo gěi wǒ ba, wǒ qǐng tā bāng ge máng.
그래? 그럼 나한테 맡겨, 내가 부탁해 볼게.

② 서로 **사귀다**, 교제하다

💬 我觉得交朋友挺难的。
Wǒ juéde jiāo péngyou tǐng nán de.
친구를 사귀는 게 어려운 것 같아.

💬 要是我能交到很多中国朋友，那该多好啊！
Yàoshi wǒ néng jiāodào hěn duō Zhōngguó péngyou, nà gāi duō hǎo a!
많은 중국인 친구를 사귈 수 있다면 얼마나 좋을까!

③ 일이나 거래가 **성립되다**

💬 A 你帮我一件事好吗？
Nǐ bāng wǒ yí jiàn shì hǎo ma?
내 부탁 하나 들어 줄 수 있어?

B 好，但你也得帮我一件事！
Hǎo, dàn nǐ yě děi bāng wǒ yí jiàn shì!
그래, 근데 너도 나 도와줘야 해.

A 成交*！
Chéngjiāo!
오케이!

 소소한 거래를
할 때 사용해요.

 保姆 bǎomǔ 몡 가정부, 보모 • 熟悉 shúxī 통 익히 알다, 상세히 알다 • 要是
yàoshi 젭 만일 ~라면 • 成交 chéngjiāo 통 거래가 성립되다, 오케이

응원하고 격려할 땐 挺

2008년 쓰촨 대지진 당시 원자바오(温家宝) 총리가 이재민들에게 보낸 메시지와 2020년 코로나19로 폐쇄되었던 우한(武汉) 지역의 응원곡에는 공통으로 나오는 단어가 하나 있는데요. 바로 挺住예요! 여기서 挺은 '견디다'라는 뜻으로 결과보어 住와 함께 쓰여 '견디어 내다'라는 의미로 주로 격려를 표할 때 사용해요.

🎬 挺 살펴보기

◆ 어려운 상황에서 **견디다, 버티다**

☑ **千万别放弃，你要**挺住**！**
Qiānwàn bié fàngqì, nǐ yào tǐng zhù!
절대 포기하지 말고 꼭 견뎌 내야 해!

☑ **不管遇到什么困难，你都要**挺住**。**
Bùguǎn yùdào shénme kùnnan, nǐ dōu yào tǐng zhù.
어떤 어려움을 있더라도 잘 버텨야 해.

> **Tip** [不管+가정, 都/也…]의 접속사 구문은 '~에 관계 없이 ~하다'로 해석해요.

☑ A **你脚还疼吗？**
Nǐ jiǎo hái téng ma?
발 아직도 아파?

B **我疼得厉害！不过为了打赢比赛，我要**挺住**。**
Wǒ téng de lìhai! Búguò wèile dǎyíng bǐsài, wǒ yào tǐng zhù.
진짜 아파! 근데 시합에서 이기려면 참아야지.

❷ 휘지 않고 **꼿꼿하다**

♥ **她的鼻子又高又挺，真好看!**
Tā de bízi yòu gāo yòu tǐng, zhēn hǎokàn!
그녀의 코는 높고 곧아서 정말 예뻐.

❸ 신체의 일부분을 **곧게 펴다, 내밀다**

♥ **走路的时候，大家要注意抬头挺胸!**
Zǒulù de shíhou, dàjiā yào zhùyì táitóu tǐng xiōng!
걸을 때는 모두 머리를 들고 가슴을 펴세요!

Plus⁺ '忍住'는 무슨 뜻일까요?

挺住가 정신적으로 '버티고 견뎌 낸다'에 초점을 둔 단어라면 忍住는 신체적인 통증, 감정 방면에서 '참고 억제하다'라는 뜻으로 자주 쓰는 단어예요.

➕ **我难过得要哭了，但我忍住了。**
Wǒ nánguò de yào kū le, dàn wǒ rěnzhù le.
괴로워 울음이 나오려는 걸 참았어.

 放弃 fàngqì 통 포기하다 • **打赢** dǎyíng 통 이기다 • **抬头** táitóu 통 머리를 들다

심각할 땐 重

우리에게 '무겁다'라는 뜻으로 익숙한 重, 그래서 지금도 '무겁다'라는 뜻으로만 사용하고 있나요? 실제 원어민은 말씨나 맛, 향기, 병세 등등의 정도가 지나침을 말할 때 重이라는 표현을 써 정도를 나타내요. 이때 重은 '심하다', '중하다'는 의미예요.

🎬 重 살펴보기

◆ 정도가 **심하다, 중하다, 농후하다**

✔ 我妈病得很重。
Wǒ mā bìng de hěn zhòng.
엄마가 많이 편찮으셔.

✔ 他刚才说话说得有点儿重。
Tā gāngcái shuōhuà shuō de yǒudiǎnr zhòng.
걔가 방금 말을 좀 심하게 했어.

✔ 我的黑眼圈太重了，该怎么办？
Wǒ de hēi yǎnquān tài zhòng le, gāi zěnme bàn?
나 다크서클이 진짜 심한데 어떻게 해야 해?

✔ 外卖食品都是重油重盐，我不爱叫外卖。
Wàimài shípǐn dōu shì zhòng yóu zhòng yán, wǒ bú ài jiào wàimài.
배달 음식은 너무 기름지고 짜서 난 시켜 먹는 거 안 좋아해.

♥ A 我喷的香水怎么样?
Wǒ pēn de xiāngshuǐ zěnmeyàng?
내가 뿌린 향수 어때?

B 香水味儿太重*了。
Xiāngshuǐ wèir tài zhòng le.
향수 향이 너무 진해.

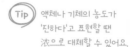

Tip 액체나 기체의 농도가
'진하다'고 표현할 땐
浓으로 대체할 수 있어요.

Plus⊕ '重口味'는 무슨 뜻일까요?

重口味는 인터넷 유행어로 '하드코어(hardcore)'를 의미해요. '자극적인 맛'이나 '그 맛을 좋아하는 사람'을 말하기도 하며 '엽기적이고 잔인한 장면'이나 '그것을 좋아하는 사람'을 말하기도 해요.

⊕ 我喜欢重口味的麻辣火锅。
Wǒ xǐhuan zhòng kǒuwèi de málà huǒguō.
난 자극적인 마라 훠궈를 좋아해.

⊕ 重口味的电影，大家推荐一下吧。
Zhòng kǒuwèi de diànyǐng, dàjiā tuījiàn yíxià ba.
하드코어한 영화 좀 추천해 줘.

 단어 黑眼圈 hēiyǎnquān 명 다크서클 • 外卖食品 wàimài shípǐn 배달 음식 • 重油重盐
zhòng yóu zhòng yán 기름지고 짜다 • 叫外卖 jiào wài mài 배달 음식을 시키다 •
喷 pèn 동 (물 등을) 뿌리다 • 推荐 tuījiàn 동 추천하다

Unit ㉔

'오직'을 의미하는 光

우리에게 '빛 광'자로 익숙한 단어인 光은 부사 只와 쓰임새가 비슷한 단어로, 회화에서 '다만', '오직'이라는 뜻으로 자주 쓰여요. 이때 光 뒤에는 동사, 형용사, 명사 등이 올 수 있어요. 또 '있던 것이 다하여 남지 않게 되다', 즉 '전혀 없다'는 의미로 동사 吃, 卖, 用 등의 뒤에 결과보어로 쓰이기도 해요.

🎬 光 살펴보기

🔹 **다만, 오직**

✅ **你找对象的时候，不能光看外表。**
Nǐ zhǎo duìxiàng de shíhou, bù néng guāng kàn wàibiǎo.
결혼 상대를 찾을 때는 외모만 보면 안 돼.

- -

✅ **别光难过，打起精神来!**
Bié guāng nánguò, dǎ qǐ jīngshén lái!
괴로워만 하지 말고, 기운 좀 차려!

- -

✅ **你怎么光说不做*啊?**
Nǐ zěnme guāng shuō bú zuò a?
넌 왜 말만 하고 안 해?

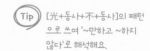
Tip [光+동사+不+동사]의 패턴으로 쓰여 '~만하고 ~하지 않다'로 해석해요.

- -

✅ **他整天光玩儿手机。**
Tā zhěngtiān guāng wánr shǒujī.
걔는 온종일 핸드폰만 봐.

A 从今天开始，我要减肥！
Cóng jīntiān kāishǐ, wǒ yào jiǎnféi!
나 오늘부터 다이어트 할 거야!

B 你不能光嘴上说啊。
Nǐ bù néng guāng zuǐ shàng shuō a.
너 말로만 하면 안 돼.

② 조금도 남아 있지 않다, 전혀 없다

我姐姐把巧克力全都吃光了。
Wǒ jiějie bǎ qiǎokèlì quándōu chī guāng le.
언니가 초콜릿을 다 먹었어.

今天的早餐都卖光了。
Jīntiān de zǎocān dōu mài guāng le.
오늘 아침 메뉴는 다 팔렸어요.

 •对象 duìxiàng 명 결혼 상대 •外表 wàibiǎo 명 외모 •打起精神 dǎ qǐ jīngshén 기운을 차리다 •玩手机 wán shǒujī 핸드폰을 보다 •全都 quándōu 부 전부

짐작하거나 추측할 땐 大概

大概는 시간이나 수량 앞에 쓰여 '대략'이라는 의미로 쓰일 뿐만 아니라 어떤 상황을 추측할 때도 사용할 수 있어요. 이때는 생각해보니 '그럴 가능성이 크다'라는 뉘앙스로 주로 [大概+동사] 혹은 [大概+주어]의 패턴으로 쓰여요. 또 '대략적'이라는 뜻으로 일이나 내용의 기본적인 부분을 말하기도 해요.

🎬 大概 살펴보기

① 미루어 짐작해 볼 때 **아마도, 대개는**

> 她大概是跟你一样高。
> Tā dàgài shì gēn nǐ yíyàng gāo.
> 그녀는 아마도 너랑 키가 같을 거야.

> 他大概是新来的老师。
> Tā dàgài shì xīn lái de lǎoshī.
> 아마 저분이 새로 오신 선생님일 거야.

> 大概我们还是做朋友比较好。
> Dàgài wǒmen háishì zuò péngyou bǐjiào hǎo.
> 우린 친구로 지내는 게 좋을 것 같아.

> 大概没有人不喜欢他吧。
> Dàgài méiyǒu rén bù xǐhuan tā ba.
> 그를 좋아하지 않는 사람은 아마도 없을 거야.

A 他应该会喜欢我的礼物吧?
Tā yīnggāi huì xǐhuan wǒ de lǐwù ba?
그녀가 내 선물을 마음에 들어 하지?

B 大概会吧。
Dàgài huì ba.
아마 그럴 거야.

❷ 어림잡아 대략적(인)

他只告诉了我大概的情况。
Tā zhǐ gàosule wǒ dàgài de qíngkuàng.
그는 나한테 대략적인 상황만 말했어.

你只要能听懂大概的意思就行了。
Nǐ zhǐyào néng tīngdǒng dàgài de yìsi jiù xíng le.
넌 대략적인 뜻만 알아들으면 돼.

 • 应该 yīnggāi 조동 ~할 것이다 • 只要 zhǐyào 접 ~하기만 하면

이리저리 마음대로 휘두를 땐 左右

左右는 '좌우' 방향 뿐만 아니라 '좌지우지하다', '컨트롤하다'라는 의미로도 사용해요.
이때는 어떤 일에 영향을 주고 제 맘대로 휘두르다는 뉘앙스를 가지고 있어요.

🎬 左右 살펴보기

◆ 어떤 일에 영향을 주어 **좌지우지하다**, **컨트롤하다**

✅ **你不能左右我的决定。**
Nǐ bù néng zuǒyòu wǒ de juédìng.
네가 내 결정을 좌지우지할 수 없어.

✅ **谁也不能左右我的选择。**
Shéi yě bù néng zuǒyòu wǒ de xuǎnzé.
누구도 내 선택에 영향을 줄 순 없어.

✅ **不要让别人左右你的梦想。**
Bú yào ràng biérén zuǒyòu nǐ de mèngxiǎng.
다른 사람이 네 꿈을 좌지우지하게 두지 마라.

✅ **我已经是个成年人了，别左右我的想法。**
Wǒ yǐjīng shì ge chéngniánrén le, bié zuǒyòu wǒ de xiǎngfǎ.
저도 이미 성인이니까, 제 생각을 컨트롤하지 마세요.

A 你要相信自己，不要被别人的看法左右。

Nǐ yào xiāngxìn zìjǐ, bú yào bèi biérén de kànfǎ zuǒyòu.

너 스스로를 믿어야 해. 타인의 생각에 휘둘리지 마.

B 好，我知道了！

Hǎo, wǒ zhīdào le!

응. 알겠어!

Plus⁺ '陪你左右'는 무슨 뜻일까요?

《陪你左右》는 중국판 '섹스 앤 더 시티'라고 불리며 중국 내에서 큰 인기를 끌었던 드라마 《欢乐颂》의 OST예요. '네 곁에 있을게'라고 해석하며 여기서 左右는 '곁', '옆'이라는 뜻으로 쓰였어요. 이때 左右는 주로 글말로 사용한다는 점 기억해 두세요.

➕ 我一直都在你左右。

Wǒ yìzhí dōu zài nǐ zuǒyòu.

난 항상 네 곁에 있어.

➕ 陪你左右 네 곁에 있을게.

péi nǐ zuǒyòu

陪你慢慢的走 너와 함께 천천히 걷고

péi nǐ mànman de zǒu

不管你爱我多久，不肯放手 나를 언제까지 사랑하든지 손을 놓지 않을게.

bùguǎn nǐ ài wǒ duōjiǔ, bùkěn fàngshǒu

《陪你左右》OST 중

 决定 juédìng 몡 결정한 사항 • 梦想 mèngxiǎng 몡 꿈 • 成年人 chéngniánrén 몡 성인

주머니 사정이 넉넉지 않을 땐 紧张

'긴장되다'라는 뜻으로 잘 알고 있는 紧张은 회화에서 인적·물적 방면이나 시간, 공간 등이 어떤 기준에 미치지 못하고 '부족하다'라는 의미로 사용하기도 하고 서로 관련 있는 영역 간의 관계나 상황이 '긴박하다'라는 의미로 사용하기도 해요.

紧张 살펴보기

❶ 인력, 물자, 시간, 공간 등이 **부족하다, 빠듯하다**

> 我最近手头儿紧张*。
> Wǒ zuìjìn shǒutóur jǐnzhāng.
> 요즘 내 주머니 사정이 빠듯해.

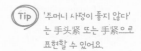

Tip '주머니 사정이 좋지 않다'
는 手头紧 또는 手紧으로
표현할 수 있어요.

> 时间紧张，赶不上飞机了。
> Shíjiān jǐnzhāng, gǎnbushàng fēijī le.
> 시간이 촉박해서 비행기를 놓치겠어.

> 这个酒店很有名，到了周末房间很紧张。
> Zhège jiǔdiàn hěn yǒumíng, dàole zhōumò fángjiān hěn jǐnzhāng.
> 이 호텔은 유명해서 주말엔 방을 잡기가 어려워.

> 在旅游旺季的时候，机票很紧张。
> Zài lǚyóu wàngjì de shíhou, jīpiào hěn jǐnzhāng.
> 여행 시즌에는 비행기 티켓을 끊기가 어려워.

A 春节快要到了，火车票你买到了吗？

Chūnjié kuàiyào dào le, huǒchēpiào nǐ mǎidào le ma?

춘절이 다가오는데 기차표는 샀어?

B 还没有，现在火车票比较紧张，我估计很难买到。

Hái méiyǒu, xiànzài huǒchēpiào bǐjiào jǐnzhāng, wǒ gūjì hěn nán mǎidào.

아니 아직, 지금 기차표를 구하기 좀 어려워서 사기 어려울 것 같아.

❷ 관계, 정세, 상황이 **긴박하다**

两国关系很紧张。

Liǎng guó guānxì hěn jǐnzhāng.

양국은 긴장 관계에 놓여 있다.

办公室的气氛很紧张。

Bàngōngshì de qìfēn hěn jǐnzhāng.

사무실에 긴장감이 감돈다.

 手头儿 shǒutóur 몡 주머니 사정 • **赶不上** gǎnbushàng 제시간에 댈 수 없다 • **旅游旺季** lǚyóu wàngjì 몡 여행 성수기, 여행 시즌 • **估计** gūjì 통 추정하다 • **气氛** qìfēn 몡 분위기

즐거운 시간을 보낼 땐 热闹

'시끌벅적하다'라는 의미로 잘 알고 있는 热闹는 실제 회화에서 '즐겁게 하다'라는 의미로 여러 사람과 유쾌한 시간을 보낼 때 빠지지 않고 등장하는 단어예요. 또 '구경거리'라는 뜻으로 흥미나 관심을 일으키게 하는 대상을 말하기도 해요.

热闹 살펴보기

◆ 여럿이서 **신나게 놀다, 즐겁게 하다**

> 今天大家来热闹一下。
> Jīntiān dàjiā lái rènao yíxià.
> 오늘 우리 다 같이 즐겁게 보내자.

> 周末咱们聚一聚，热闹热闹吧!
> Zhōumò zánmen jù yi jù, rènao rènao ba!
> 주말에 다 모여서 신나게 놀자!

> A 今天是兰兰的生日, 你没忘吧? 咱们一起热闹一下。
> Jīntiān shì Lánlan de shēngrì, nǐ méi wàng ba? Zánmen yìqǐ rènao yíxià.
> 오늘 란란이 생일인거 잊지 않았지? 다 같이 신나게 놀자.

> B 那必须的! 一会儿见!
> Nà bìxū de! Yíhuìr jiàn!
> 당연하지! 이따 봐!

❷ 흥미나 관심이 있는 **구경거리**

✅ **广场舞挺好看的，咱们一起去看热闹吧！**
Guǎngchǎngwǔ tǐng hǎokàn de, zánmen yìqǐ qù kàn rènao ba!
광장무 되게 재미있어. 같이 구경 가자!

✅ **大多数人都在看热闹，只有一个人把老人扶起来了。**
Dàduōshù rén dōu zài kàn rènao, zhǐyǒu yíge rén bǎ lǎorén fú qǐlái le.
대다수의 사람들은 구경하고 있는데, 단 한사람만 어르신을 도와 부축했다.

| Plus⊕ | '凑热闹'는 무슨 뜻일까요? |

'모으다'의 凑와 '떠들썩하다'의 热闹를 합성한 凑热闹는 '남의 사이에 끼어들다' 또는 '더욱 귀찮게 하다'라는 의미로 자주 쓰는 표현이에요.

➕ **你们俩约会，我凑什么热闹呀！**
Nǐmen liǎ yuēhuì, wǒ còu shénme rènao ya!
너희 둘 데이트하는데, 내가 왜 끼어드냐!

➕ **别凑热闹，行不行？**
Bié còu rènao, xíng bu xíng?
귀찮게 좀 하지 말아 줄래?

 广场舞 Guǎngchǎngwǔ 몡 광장무 • 只有 zhǐyǒu 뷔 오직, 오로지 • 扶 fú 됭 부축하다

미리 통보할 땐 打招呼

'인사하다'는 뜻으로 알고 있는 打招呼는 어떤 일이나 문제에 대해 '알리다', '통지하다'라는 의미로도 쓰여요. 비슷한 뜻으로 쓰이는 通知가 글말과 입말에서 모두 사용되는 반면에, 打招呼는 입말 표현으로 가볍게 쓸 수 있어요.

📋 打招呼 살펴보기

◆ 사전 혹은 사후에 **알리다**, **통지하다**

✅ **这件事你跟他打招呼了吗?**
Zhè jiàn shì nǐ gēn tā dǎzhāohu le ma?
이 일을 걔한테 알려줬니?

✅ **这么重要的事，你是不是应该跟我打招呼?**
Zhème zhòngyào de shì, nǐ shì bu shì yīnggāi gēn wǒ dǎzhāohu?
이렇게 중요한 일은 나한테 알려줘야 하는 거 아니야?

✅ **下次你来找我的时候，提前跟我打招呼，行吗?**
Xiàcì nǐ lái zhǎo wǒ de shíhou, tíqián gēn wǒ dǎzhāohu, xíng ma?
다음에 날 찾아올 때는 미리 얘기 좀 해주면 안될까?

✅ **我没有跟他打招呼，他不会生气吧?**
Wǒ méiyǒu gēn tā dǎzhāohu, tā bú huì shēngqì ba?
걔한테 알려주지 않았는데, 화 안 내겠지?

A 如果你要请假的话，就请跟上级打招呼。
Rúguǒ nǐ yào qǐngjià dehuà, jiù qǐng gēn shàngjí dǎzhāohu.
휴가를 내려면, 상사에게 보고하세요.

B 好的，我知道了。
Hǎo de, wǒ zhīdào le.
네, 알겠습니다.

Plus⊕ '跟我说一声'은 무슨 뜻일까요?

[跟+대상+说一声]과 [告诉+대상+一声]은 모두 '~에게 알리다'라는 의미로 원어민이 자주
쓰는 표현 중 하나예요.

⊕ 你走的时候，怎么不跟我说一声啊？
Nǐ zǒu de shíhou, zěnme bù gēn wǒ shuō yī shēng a?
너 가면서 왜 나한테 말도 안 해?

⊕ 你别忘了在出发之前告诉我一声。
Nǐ bié wàngle zài chūfā zhīqián gàosù wǒ yī shēng.
출발하기 전에 나에게 알려주는 거 잊지 마.

 단어 请假 qǐngjià 图 휴가를 신청하다 • 上级 shàngjí 图 상사

Unit ㉚

솜씨가 있다고 할 땐 一套

一套하면 '한 세트', '한 묶음'라는 뜻이 가장 먼저 떠오르죠? 실제 원어민들은 一套를 어떤 방면에 '방법'이나 '수단'이 있다고 표현할 때 사용하며 주로 [분야+有+一套]의 패턴으로 쓰여요. 이때 '솜씨가 좋다'라는 의미로 긍정 혹은 부정의 뉘앙스로 모두 쓰여요.

🎬 一套 살펴보기

◆ 어떤 분야나 방면의 **일가견**, **솜씨**, **수단**, **방법**

> 丽丽唱歌很有一套。
> Lìli chànggē hěn yǒu yí tào.
> 리리는 노래 솜씨가 있어.

> 明明修理自行车很有一套。
> Míngming xiūlǐ zìxíngchē hěn yǒu yí tào.
> 밍밍은 자전거 수리를 잘해.

> 兰兰讨价还价真有一套。
> Lánlan tǎojià huánjià zhēn yǒu yí tào.
> 란란은 흥정을 진짜 잘해.

> 看来他赚钱真有一套。
> Kànlái tā zhuàn qián zhēn yǒu yí tào.
> 걔는 돈 버는 재주가 있나 봐.

一套의 또 다른 표현

중국어의 독특한 관용 표현인 헐후어(歇后语)에 해당하는 一套一套는 직역하면 '한 무더기 한 무더기이다'라는 뜻이지만 의역하면 '말 솜씨가 좋다'라는 말로 긍정적인 뉘앙스와 부정 적인 뉘앙스에 모두 쓰여요. 또 说一套做一套는 '말과 행동이 다르다'라는 뜻으로 쓰여요.

⊕ 他说得一套一套的。
　Tā shuō de yí tào yí tào de.
　그는 말이 청산유수야.

⊕ 别说一套，做一套啊!
　Bié shuō yí tào, zuò yí tào a!
　말과 행동이 다르면 안 돼!

 단어 讨价还价 tǎojià huánjià ⟨성⟩ 흥정하다 • 看来 kànlái ⟨부⟩ 보아하니, 보니까 • 赚钱 zhuàn qián ⟨동⟩ 돈을 벌다

다른 것에 의지할 땐 靠

靠는 사람이나 물건에 몸을 '기대다'라는 뜻 외에, '의지하다'라는 의미로 어떤 사람의
능력, 영향 혹은 환경에 기대어 도움을 받을 때 쓸 수 있어요. 주로 목적어에는 사람,
인맥, 힘, 능력, 노력 등과 관련된 단어가 올 수 있어요. 그뿐만 아니라 '신뢰하다'라는
의미로 어떤 대상에 의지하며 그것이 기대를 저버리지 않을 때도 쓸 수 있어요.

靠 살펴보기

① 어떤 것에 기대어 **의지하다, ~기대다**

✅ **这件事就靠你了。**
Zhè jiàn shì jiù kào nǐ le.
이 일은 너만 믿는다.

✅ **靠别人不如*靠自己。**
Kào biérén bùrú kào zìjǐ.
남에게 의지하는 것이 스스로 하는 것만 못하다.

> Tip [A+不如+B]의 비교 구문
> 은 'A는 B보다 못하다'로
> 해석해요.

✅ A **现在他不挣钱，靠什么生活啊？**
Xiànzài tā bù zhèngqián, kào shénme shēnghuó a?
그는 돈을 벌지 않는데, 어떻게 생활해?

B **听说他是啃老族*。**
Tīngshuō tā shì kěnlǎozú.
캥거루족이라고 들었어.

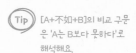

> Tip 族은 '~족', '무리'라는 뜻으로 같은
> 속성을 가진 사물을 분류할 때 사용해요.
> 低头族 스마트폰 중독자
> SOHO族 재택근무자

❷ 굳게 믿다, 신뢰하다

💚 我认为他不是一个可靠的人。
Wǒ rènwéi tā bú shì yí ge kěkào de rén.
그가 믿을 만한 사람은 아니라고 생각해.

💚 我不知道这家公司靠不靠谱*。
Wǒ bù zhīdào zhè jiā gōngsī kào bù kàopǔ.
이 회사가 믿을 만한 회사인지 잘 모르겠어.

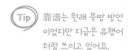
Tip 靠谱는 원래 북방 방언
이었지만 지금은 유행어
처럼 쓰이고 있어요.

Plus➕ 그 밖의 '靠' 관련 속담

➕ 在家靠父母，出门靠朋友。
Zài jiā kào fùmǔ, chūmén kào péngyou.
집에서는 부모를 의지하고, 밖에서는 친구를 의지한다.

➕ 人靠衣服马靠鞍。
Rén kào yīfu mǎ kào ān.
사람에게는 옷이 날개이고, 말에게는 안장이 날개다.

 挣钱 zhèngqián 동 돈을 벌다 • 啃老族 kěnlǎozú 명 캥거루 • 可靠 kěkào 형 믿
을 만하다, 믿음직하다 • 靠谱 kàopǔ 형 믿을 수 있다 • 鞍 ān 명 안장

'보내다', '들다', '쓰다'를 한 단어로 打

우리에게 친숙한 打는 무려 24가지의 뜻을 가지고 있는 다의어예요. 회화에서 打는 물건 따위를 '보내다', 우산 따위를 머리 위로 '펴다', 안에 있는 것을 '떠내다' 등등 여러 가지 의미로 사용해요. 각각의 뜻을 살펴보고 그 뉘앙스를 익혀 봅시다.

打 살펴보기

❶ 물건, 서류, 돈 따위를 발송하다, 보내다

✅ 我把300块钱打给你*。
Wǒ bǎ sānbǎi kuài qián dǎ gěi nǐ.
내가 300위안 이체해 줄게.

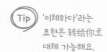 Tip '이체하다'라는 표현은 转给你로 대체 가능해요.

❷ 위로 들다, 펴들다

✅ 下雨了，快打伞吧！
Xiàyǔ le, kuài dǎsǎn ba!
비 온다, 빨리 우산 써!

❸ 쓰다, 작성하다

✅ 今天我要向上级打报告*。
Jīntiān wǒ yào xiàng shàngjí dǎ bàogào.
오늘 상부에 보고 해야 해.

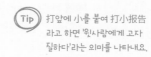 Tip 打앞에 小를 붙여 打小报告 라고 하면 '윗사람에게 고자 질하다'라는 의미를 나타내요.

◈ 안에 있는 물체를 <u>뜨다</u>, <u>떠내다</u>

✓ **我每天中午去学生餐厅打饭。**
Wǒ měitiān zhōngwǔ qù xuéshēng cāntīng dǎ fàn.
난 매일 점심 학생식당에서 밥 먹어.

✓ **兰兰，跟我一起去打水吧。**
Lánlan, gēn wǒ yìqǐ qù dǎ shuǐ ba.
란란아, 나랑 같이 물 받으러 가자.

⑤ 동작이 시작된 시간, 장소 <u>~에서</u>, <u>~로부터</u>

✓ **打今天起，我要每天去健身房运动！**
Dǎ jīntiān qǐ, wǒ yào měitiān qù jiànshēnfáng yùndòng!
오늘부터 나 매일 헬스장에 가서 운동할 거야.

✓ **他打小就非常聪明。**
Tā dǎ xiǎo jiù fēicháng cōngmíng.
그는 어려서부터 아주 똑똑했어.

 报告 bàogào 몡 보고서 • **健身房** jiànshēnfáng 몡 헬스장 • **打水** dǎ shuǐ 동 물
을 긷다, (공용 식수대에서) 물을 받다

Unit ㉝

걱정된다고 할 땐 怕

怕는 '무서워하다'라는 의미 뿐만 아니라 '걱정하다'라는 의미로도 사용해요. 이때 어떤 사람이나 사물, 상황에 대해 '염려하다'라는 뉘앙스를 가지며 뒤에는 동사, 형용사 등이 목적어로 올 수 있어요. 또 어떤 일이나 상황을 잘 견뎌 내지 못할 때 사용하며, 이때 '~에 약하다'라고 해석할 수 있어요.

怕 살펴보기

❶ 앞일에 대해 걱정하다, 염려하다

> 我怕再迟到，今天七点就起床了。
> Wǒ pà zài chídào, jīntiān qīdiǎn jiù qǐchuáng le.
> 나 또 지각할까 봐 7시에 일어났어.

> 我不喝咖啡了，怕晚上睡不着觉。
> Wǒ bù hē kāfēi le, pà wǎnshang shuì bu zháo jiào.
> 저녁에 잠 못 잘까 봐 걱정돼서 난 커피 안 마실래.

> A 今天咱们聚会的餐厅，丽丽知道吗？我怕她找不到。
> Jīntiān zánmen jùhuì de cāntīng, Lìli zhīdào ma? Wǒ pà tā zhǎobudào.
> 리리는 오늘 모임 장소(식당) 알고 있지? 못 찾아올까 봐 걱정되네.

> B 应该知道吧，我现在就给她打个电话。
> Yīnggāi zhīdào ba, wǒ xiànzài jiù gěi tā dǎ ge diànhuà.
> 아마도 알고 있을 거야, 내가 지금 전화해 볼게.

❷ ～에 **약하다, 견디지 못하다**

✅ **我**怕**冷，所以我不喜欢冬天。**
Wǒ pà lěng, suǒyǐ wǒ bù xǐhuan dōngtiān.
난 추위를 타서 겨울을 별로 안 좋아해.

✅ **这种手表不**怕**水。**
Zhè zhǒng shǒubiǎo bú pà shuǐ.
이 시계는 방수가 된다.

Plus⁺ **그 밖의 '怕' 관련 속담**

➕ **不**怕**慢，只**怕**站。**
Bú pà màn, zhǐ pà zhàn.
느린 것을 두려워하지 말고, 중도에 그만 두는 것을 두려워하라.

➕ **世上无难事，只**怕**有心人。**
Shìshang wú nánshì, zhǐ pà yǒuxīnrén.
마음만 먹으면 세상에 못할 일이 없다.

 睡不着觉 shuì bu zháo jiào 잠을 이루지 못하다 • **聚会** jùhuì 통 모이다 • **难事** nánshì 명 곤란한 일 • **有心人** yǒuxīnrén 명 포부가 큰 사람

여기저기 돌아다닐 땐 跑

跑하면 '뛰다', '달리다'라는 뜻이 가장 먼저 떠오르죠? 실제 원어민은 어떤 목적이나 이익을 위해 '분주히 돌아다니다'라는 의미로 자주 사용해요. 이때 [跑+목적어]의 패턴으로 쓰이며 목적어 자리에는 일반 목적어나 장소 목적어가 올 수 있어요. 또 몸을 피할 때 '도망가다'는 의미로, 어떤 범위나 대열 밖으로 '이탈하다'는 의미로도 사용할 수 있어요.

🎬 跑 살펴보기

❶ 어떤 목적이나 이익을 위해 **바삐 돌아다니다, 분주히 돌아다니다**

☑ **今天我要跑趟青岛。**
Jīntiān wǒ yào pǎo tàng Qīngdǎo.
나 오늘 칭다오에 갔다 와야 해.

☑ **我跑了几家商店，才找到了我想要的杯子。**
Wǒ pǎole jǐ jiā shāngdiàn, cái zhǎodàole wǒ xiǎng yào de bēizi.
가게 몇 군데를 돌아다닌 끝에 겨우 내가 원하는 컵을 찾았어.

☑ A **看起来兰兰天天忙。**
Kàn qǐlái Lánlan tiāntiān máng.
란란이는 매일 바빠 보여.

B **对啊，听说她去参加各种聚会跑关系。**
Duì a, tīngshuō tā qù cānjiā gèzhǒng jùhuì pǎo guānxì.
맞아, 각종 모임에서 인맥을 만든다고 하더라.

❷ 피하여 도망가다

✅ 小偷偷了钱包就跑了。
　 Xiǎotōu tōule qiánbāo jiù pǎo le.
　 소매치기가 지갑을 훔쳐 도망갔다.

✅ 要买单的人跑哪儿去了?
　 Yào mǎidān de rén pǎo nǎr qù le?
　 계산한다는 사람이 어디로 도망갔니?

❸ 원래 위치에서 이탈하다, 벗어나다

✅ 我跟你聊着聊着就跑题了!
　 Wǒ gēn nǐ liáozhe liáozhe jiù pǎotí le!
　 너랑 얘기하다가 옆길로 샜네.

✅ 我好像又跑调了。
　 Wǒ hǎoxiàng yòu pǎodiào le.
　 나 또 음이탈 한 것 같아.

> **Plus⁺ 그 밖의 '跑' 표현**

跑材料 pǎo cáiliào　자재를 구입하러 돌아다니다.
跑买卖 pǎo mǎimài　돌아다니며 장사하다. (=跑生意)
跑新闻 pǎo xīnwén　뉴스를 취재하러 돌아다니다.

 趟 tàng 양 차례, 번[왕복한 횟수] • 跑关系 pǎo guānxì 인맥을 맺다 • 偷 tōu 동 훔치다 • 跑题 pǎotí 동 말이나 글이 주제에 벗어나다 • 跑调 pǎodiào 동 음이 맞지 않다

그렇다고 간주할 땐 当

当은 '~이 되다'라는 의미 말고 '여기다', '간주하다'라는 의미로도 많이 쓰여요. 이때 어떤 대상을 그와 같다고 보거나 그러하다고 인정하는 뉘앙스를 풍겨요. 주로 [주어+ 把+목적어+当(作)]의 패턴으로 쓰이며 '~를 ~으로 여기다'는 의미로 해석할 수 있어요. 이때 성조는 4성(dàng)으로 발음해야 한다는 점 꼭 기억하세요!

📋 当 살펴보기

❶ 그렇다고 인정하고 여기다, 간주하다

✎ 他叫明明，我把他当亲弟弟。
Tā jiào Míngming, wǒ bǎ tā dàng qīn dìdi.
그의 이름은 밍밍이고 난 그를 친동생처럼 여기고 있어.

✎ 我把他当作可靠的朋友。
Wǒ bǎ tā dàngzuò kěkào de péngyou.
나는 그를 믿을 만한 친구로 여긴다.

✎ 不要把我当小孩儿看待。
Bú yào bǎ wǒ dàng xiǎoháir kàndài.
어린아이 취급하지 말아 주세요.

✎ 我把这个项目当作重要的机会。
Wǒ bǎ zhège xiàngmù dàngzuò zhòngyào de jīhuì.
난 이 프로젝트가 중요한 기회라고 생각해.

A 别灰心了！你把错误当作学习的机会吧。

Bié huīxīn le! Nǐ bǎ cuòwù dàngzuò xuéxí de jīhuì ba.

속상해 하지 마! 실수를 배움의 기회로 삼으면 되지.

B 你这么安慰我，我心情好多了。

Nǐ zhème ānwèi wǒ, wǒ xīnqíng hǎo duō le.

네가 이렇게 위로를 해 줘서 기분이 좋아졌어.

② 판단하여 **생각하다**

我是跟你开玩笑的，你千万别当真！

Wǒ shì gēn nǐ kāiwánxiào de, nǐ qiānwàn bié dàngzhēn!

농담하는 거니까 진담으로 받아들이지 마!

我只是随便说说，没想到他当真了。

Wǒ zhǐshì suíbiàn shuōshuo, méi xiǎngdào tā dàngzhēn le.

난 그냥 말을 한 건데 그가 진담으로 받아들일 줄은 몰랐어.

 단어 可靠 kěkào 형 믿을 만하다 • 看待 kàndài 동 취급하다 • 项目 xiàngmù 명 프로젝트
• 灰心 huīxīn 동 낙담하다 • 安慰 ānwèi 동 위로하다

싫증날 땐 腻

맛 표현으로 자주 쓰는 腻는 기름진 음식을 먹을 때 '느끼하다'는 의미로 쓰는 말이죠. 그런데 원어민은 어떤 것이 더 이상 흥미롭지 않거나 귀찮아서 싫어하는 마음이 생길 때 '싫증나다', '물리다'는 의미로도 많이 사용해요. 이때 형용사나 동사 뒤에 보어로 쓰여요.

🎬 腻 살펴보기

◆ 더 이상 흥미를 끌지 못하고 **싫증나다**, **물리다**

✓ 这首歌你老听也不腻吗？
　 Zhè shǒu gē nǐ lǎo tīng yě bú nì ma?
　 넌 이 노래 계속 듣는 거 안 질려?

- -

✓ 虽然我每天喝咖啡，但是我一点儿也不腻。
　 Suīrán wǒ měitiān hē kāfēi, dànshì wǒ yìdiǎnr yě bú nì.
　 난 매일 커피를 마시지만, 전혀 질리지 않아.

- -

✓ 长发我都腻了，想换新发型。
　 Chángfà wǒ dōu nì le, xiǎng huàn xīn fàxíng.
　 긴 머리에 싫증나서 새로운 헤어스타일로 바꿀 생각이야.

- -

✓ 这款游戏我玩腻了。
　 Zhè kuǎn yóuxì wǒ wán nì le.
　 이 게임 이제 질렸어.

A **我们中午吃拉面怎么样？**

Wǒmen zhōngwǔ chī lāmiàn zěnmeyàng?

우리 점심에 라면 먹는 거 어때?

B **我不吃了，有点儿吃腻了。**

Wǒ bù chī le, yǒudiǎnr chī nì le.

난 안 먹을래, 좀 질렸어.

 虽然 suīrán 접 비록 ～일지라도 • **一点儿也** yìdiǎnr yě bù 조금도 ～하지 않다 •
发型 fàxíng 명 헤어스타일 • **款** kuǎn 양 종류에 쓰임

'훑어보다', '업데이트하다'를 한 단어로 刷

중국인의 생활과 밀접하게 연관된 단어 刷, 아직도 '인쇄하다'로만 알고 있나요? 중국에서 2016년 올해의 한자로 선정되기도 했던 단어로 시대의 변화에 따라 '훑어보다', '업데이트하다' 등으로 뜻이 점차 확대되고 있어요. 이 단어의 용법을 지금부터 함께 파헤쳐 봅시다!

刷 살펴보기

① 한쪽 끝에서 다른 끝까지 **훑어보다, 정주행하다**

> **我一起床就刷微博。**
> Wǒ yī qǐchuáng jiù shuā wēibó.
> 난 아침에 일어나자마자 웨이보를 봐.

> **我可以在六个小时内刷完剧。**
> Wǒ kěyǐ zài liù ge xiǎoshí nèi shuā wán jù.
> 난 6시간 동안 드라마를 정주행 할 수 있어.

② 기존 정보를 최선 정보로 **업데이트하다**

> **他刷新了一万米的世界纪录。**
> Tā shuāxīnle yíwàn mǐ de shìjiè jìlù.
> 그는 10,000m의 세계 신기록을 세웠다.

> **这个消息刷屏了一整天。**
> Zhège xiāoxi shuāpíngle yìzhěngtiān.
> 이 소식은 하루 종일 인터넷에 도배되었다.

③ 스캔해서 **식별하다**

✓ 最近'刷脸支付'功能很流行。
Zuìjìn 'shuā liǎn zhīfù' gōngnéng hěn liúxíng.
최근 '안면인식 결제' 기능이 유행이다.

✓ 使用'刷脸登录'挺方便的。
Shǐyòng 'shuā liǎn dēnglù' tǐng fāngbiàn de.
안면인식 로그인 사용은 매우 편리하다.

Plus⁺ 그 밖의 '刷' 표현

刷는 시대의 변화에 따라 다양한 의미로 사용이 되는데요, 刷存在感에서 刷는 가려져 있는 것을 '드러내다', '뽐내다'란 의미로 쓰이고, 刷夜에서 刷는 '～을 하면서 시간을 보내다'라는 의미로 사용해요.

➕ 有些人想刷存在感。
Yǒuxiē rén xiǎng shuā cúnzài gǎn.
어떤 사람들은 존재감을 드러내는 것을 좋아한다.

➕ 我在考试之前，喜欢去咖啡厅刷夜。
Wǒ zài kǎoshì zhīqián, xǐhuan qù kāfēitīng shuā yè.
난 시험 전에 카페에서 밤샘하는 걸 좋아한다.

 微博 wēibó 명 웨이보 • 刷剧 shuā jù (웹툰, 드라마 등을) 정주행하다 • 刷新 shuāxīn 업데이트하다, 키보드 F5 • 刷屏 shuāpíng (다량의 내용을) 도배하다 • 刷脸支付 shuā liǎn zhīfù 안면 인식 결제 • 刷脸登录 shuā liǎn dēnglù 안면 인식 로그인 • 刷存在感 shuā cúnzài gǎn 존재감을 드러내다 • 刷夜 shuā yè 밤새우다

뭔가 심상치 않을 땐 不对

일상생활에서 不对는 상대방의 안색이 이상하거나 조짐이 안 좋을 때도 쓸 수 있어요. 이때 기분, 정서, 안색, 맛 등이 일반적이지 않고 심상치 않음을 나타내며 또, 不对劲이라고도 표현해요.

不对 살펴보기

◆ 기분, 정서, 안색, 맛 등이 **이상하다, 심상치 않다, 정상이 아니다**

♡ **最近她的情绪不对啊!**
Zuìjìn tā de qíngxù bú duì a!
요즘 걔 상태(기분)가 안 좋아!

♡ **听起来他的声音有点不对!**
Tīng qǐlái tā de shēngyīn yǒudiǎn bú duì!
걔 목소리가 좀 이상한 것 같아!

♡ **不对! 你好像有事瞒着我。**
Bú duì! Nǐ hǎoxiàng yǒu shì mánzhe wǒ.
이상해! 나한테 숨기는 게 있는 것 같아.

♡ **怎么了? 今天你的脸色不对啊?**
Zěnme le? Jīntiān nǐ de liǎnsè bú duì a?
왜 그래? 너 오늘 안색이 안 좋은데?

A 服务员!

Fúwùyuán!

저기요!

B 请问您有什么事吗?

Qǐngwèn nín yǒu shénme shì ma?

네, 무슨 일이세요?

A 味道不对啊!

Wèidào bú duì a!

(음식을 먹은 후) 음식 맛이 이상해요!

Plus⊕ '对了'는 무슨 뜻일까요?

对了가 문장 맨 앞에 쓰이면 '어떤 일이 문득 떠올랐다'는 뉘앙스로 '참', '아참'의 의미로 사용할 수 있어요.

⊕ 对了! 明天你参不参加学校活动?

Duì le! Míngtiān nǐ cān bu cānjiā xuéxiào huódòng?

아참! 너 내일 학교 행사에 참석할 거야?

⊕ 对了! 今天你出门的时候，别忘了带雨伞。

Duì le! Jīntiān nǐ chūmén de shíhou, bié wàng le dài yǔsǎn.

참! 오늘 나갈 때 우산 잊지 말고 챙겨.

 不对劲 búduìjìn 정상이 아니다, 이상하다 • 情绪 qíngxù 명 기분 • 瞒 mán 동 감추다 • 脸色 liǎnsè 명 안색

'다행히'는 还好

'괜찮다'라는 긍정적인 대답 표현으로 쓰이는 还好, 그런데 문장 앞에 놓이면 그 뜻이 달라진다는 걸 알고 있나요? 우연히 어떠한 조건이 갖춰지거나 이미 갖춰져 있어 불행을 피했을 때 쓸 수 있는 표현으로 '다행히', '운 좋게도'라는 뜻이에요.

还好 살펴보기

◆ 뜻밖에 일이 잘 되어 **다행히(도), 운 좋게도**

> ✓ 还好路上不堵车，我准时到了！
> Háihǎo lùshang bù dǔchē, wǒ zhǔnshí dào le!
> 다행히 차가 안 막혀서 제시간에 도착했어!

> ✓ 还好我有中国朋友，平时可以练习口语。
> Háihǎo wǒ yǒu Zhōngguó péngyou, píngshí kěyǐ liànxí kǒuyǔ.
> 운 좋게도 중국인 친구가 있어 평소에 회화를 연습할 수 있어.

> ✓ 还好妈妈没看到我玩游戏，不然妈妈一定会生气的。
> Háihǎo māma méi kàndào wǒ wán yóuxì, bùrán māma yídìng huì shēngqì de.
> 엄마가 내가 게임하는 걸 못 봐서 다행이야, 아니면 분명 화냈을 거야.

> ✓ 还好有你在，不然我不知道该怎么办了。
> Háihǎo yǒu nǐ zài, bùrán wǒ bù zhīdào gāi zěnme bàn le.
> 네가 있어서 다행이야, 안 그럼 어떻게 해야 할지 몰랐을 거야.

A 你有什么假期计划吗?

Nǐ yǒu shénme jiàqī jìhuà ma?

너 휴가 계획이 있어?

B 我打算去日本，还好提前预订了飞机票，
不然这次又不能去度假了。

Wǒ dǎsuàn qù Rìběn, háihǎo tíqián yùdìng le fēijīpiào,
bùrán zhècì yòu bù néng qù dùjià le.

나 일본에 가려고, 비행기표를 미리 예매해서 다행이지, 이번에도 휴가 못 갈 뻔 했어.

Plus⊕ 그 밖의 '다행히' 표현

幸亏는 우연히 유리한 조건이 발생해 나쁜 결과를 면할 때 사용하며 还好보다 강한 어감을
가지고 있어요.

⊕ 幸亏他在旁边拉住了我，不然我就摔倒了。

Xìngkuī tā zài pángbiān lāzhù le wǒ, bùrán wǒ jiù shuāidǎo le.

그가 날 잡아 줘서 다행이지, 안 그럼 넘어질 뻔했어.

 不然 bùrán [접] 그렇지 않으면 • **预订 yùdìng** [동] 예약하다 • **度假 dùjià** [동] 휴가를
보내다 • **摔倒 shuāidǎo** [동] 넘어지다

말할 필요도 없다고 할 땐 别说

금지의 표현으로 자주 쓰는 别说는 '~은 물론이고', '~조차도'라는 뜻으로 회화에서 자주 사용되는 단어예요. 别说 대신에 不要说로 표현하기도 하며 '말할 필요가 없을 정도로 당연하다'는 것을 표현함으로써 본인이 말하고자 하는 내용을 강조해요. [别说(是)…, 就是…也(都)], [别说(是)…, 连…也(都)] 등 두 가지 패턴으로 표현할 수 있어요.

别说(是)…, 就是…也(都) 살펴보기

◆ ~은 물론이고, ~도 ~하다

☑ **这位演员别说在国内, 就是国外也很有名。**
Zhè wèi yǎnyuán biéshuō zài guónèi, jiùshì guówài yě hěn yǒumíng.
이 배우는 국내는 물론이고 해외에서도 유명해.

☑ **别说是纪念日, 就是我的生日也总是忘记。**
Biéshuō shì jìniànrì, jiùshì wǒ de shēngrì yě zǒngshì wàngjì.
기념일은 물론이고 내 생일도 자주 잊어버려.

☑ A **你学汉语已经五年了, 看中国漫画没问题吧?**
Nǐ xué Hànyǔ yǐjīng wǔ nián le, kàn Zhōngguó mànhuà méi wèntí ba?
너 중국어 공부한지 5년 됐잖아, 중국 만화 보는데 문제없지?

B **别说看中国漫画, 就是看中文论文也没问题。**
Biéshuō kàn Zhōngguó mànhuà, jiùshì kàn Zhōngwén lùnwén yě méi wèntí.
중국 만화는 물론이고 중국어 논문 보는 것도 문제없어.

🎬 别说(是)…, 连…也(都) 살펴보기

◆ ~은 물론이고, 심지어 ~도 ~하다

❤ **别说**汉语，**连**英语也不会说。
Biéshuō Hànyǔ, lián Yīngyǔ yě bú huì shuō.
중국어는 물론이고, 심지어 영어도 잘 못해.

❤ **别说是**中国，**连**济州岛也没有去过。
Biéshuō shì Zhōngguó, lián Jìzhōudǎo yě méiyǒu qùguo.
중국은 물론이고, 제주도 조차도 못 가 봤어.

❤ A 你能喝白酒吗?
Nǐ néng hē báijiǔ ma?
너 바이주 마실 수 있어?

B **别说是**白酒，**连**啤酒也喝不了*。
Biéshuō shì báijiǔ, lián píjiǔ yě hēbuliǎo.
바이주는 물론이고, 맥주도 못 마셔.

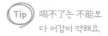 喝不了는 不能보
다 어감이 약해요.

 不要说 búyào shuō 접 말할 필요도 없이, ~은 말할 것도 없고 • **纪念日** jìniànrì 명
기념일 • **论文** lùnwén 명 논문

문장 마스터

★ 아래 빈칸을 채우며 배웠던 내용을 복습해 보세요.

01 너한테 이 일을 맡기니 마음이 놓인다.

我把这件事＿＿给你，就放心了。

02 어떤 어려움을 있더라도 잘 버텨야 해.

不管遇到什么困难，你都要＿＿＿＿住。

03 걔가 방금 말을 좀 심하게 했어.

他刚才说话说得有点儿＿＿＿＿。

04 괴로워만 하지 말고. 기운 좀 차려!

别＿＿＿＿难过，打起精神来!

05 그를 좋아하지 않는 사람은 아마도 없을 거야.

＿＿＿＿没有人不喜欢他吧。

06 네가 내 결정을 좌지우지할 수 없어.

你不能＿＿＿＿我的决定。

07 요즘 내 주머니 사정이 빠듯해.

我最近手头儿＿＿＿＿。

08 오늘 우리 다 같이 즐겁게 보내자.

今天大家来＿＿＿＿一下。

09 이 일을 걔한테 알려줬니?

这件事你跟他＿＿＿＿＿＿了吗?

10 걔는 돈 버는 재주가 있나 봐.

看来他赚钱真有＿＿＿＿。

11 이 일은 너만 믿는다.

这件事就_____你了。

12 내가 300위안 이체해 줄게.

我把300块钱_____给你。

13 저녁에 잠 못 잘까 봐 걱정돼서 난 커피 안 마실래.

我不喝咖啡了，_____晚上睡不着觉。

14 나 오늘 칭다오에 갔다 와야 해.

今天我要_____趙青岛。

15 나는 그를 믿을 만한 친구로 여긴다.

我把他_____作可靠的朋友。

16 난 안 먹을래. 좀 질렸어.

我不吃了，有点儿吃_____了。

17 난 6시간 동안 드라마를 정주행 할 수 있어.

我可以在六个小时内_____完剧。

18 왜 그래? 너 오늘 안색이 안 좋은데?

怎么了？今天你的脸色_____啊？

19 네가 있어서 다행이야, 안 그럼 어떻게 해야 할지 몰랐을 거야.

_____有你在，不然我不知道该怎么办了。

20 이 배우는 국내는 물론이고 해외에서도 유명해.

这位演员_____在国内，_____国外_____很有名。

Chapter ③

상황별
리얼 중국어 표현

올인원 QR

대화의 물꼬를 트는 표현을 알아 보자!

우리는 종종 어떤 이야기를 시작할 때 '다름이 아니라', '있잖아' 등 상투적인 표현을 사용하곤 하죠. 중국어에도 이런 표현들이 있어요. 是这样的는 '다름이 아니라'라는 의미로, 我跟你说는 '내 말 좀 들어봐'라는 의미로, 我有事跟你说는 '너에게 할 말이 있다'라는 의미로 사용해요. 앞으로는 본론부터 말하지 말고 한 템포 쉬었다가 얘기해 보는 건 어떨까요?

是这样的 살펴보기

◆ '다름이 아니라', '저기 말이야'라는 의미로 용건을 말하기 전에 쓸 수 있는 상투어예요.

♡ 是这样的，我有一个问题想跟你商量一下。
Shì zhèyàng de, wǒ yǒu yí ge wèntí xiǎng gēn nǐ shāngliang yíxià.
저기 말이야, 너랑 상의하고 싶은 문제가 하나 있어.

♡ 是这样的，秋天我要去上海旅游，你可以给我推荐一下景点吗？
Shì zhèyàng de, qiūtiān wǒ yào qù Shànghǎi lǚyóu, nǐ kěyǐ gěi wǒ tuījiàn yíxià jǐngdiǎn ma?
저기 말이야, 가을에 상해 여행 갈 건데 관광지 좀 추천해 줄 수 있어?

我跟你说 살펴보기

◆ '있잖아', '내 말 좀 들어 봐.'라는 의미로 편한 사이에 가볍게 쓸 수 있는 표현이에요.

♡ 我跟你说，这家咖啡店的蛋糕真好吃，快尝尝。
Wǒ gēn nǐ shuō, zhè jiā kāfēidiàn de dàngāo zhēn hǎochī, kuài chángchang.
있잖아, 여기 까페 케이크가 진짜 맛있어, 빨리 먹어 봐.

♥ 我跟你说，今天明明给我打电话说，下个月就
要结婚了。

Wǒ gēn nǐ shuō, jīntiān Míngming gěi wǒ dǎ diànhuà shuō, xià ge yuè
jiù yào jiéhūn le.

있잖아, 오늘 밍밍이한테 전화 왔는데, 다음달에 결혼한대.

我有事跟你说 살펴보기

◆ 我와 跟你说 사이에 有事를 삽입하면 '너에게 할 말이 있다'라는 의미로, 상대에
게 하고 싶은 말이 있을 때 사용해요.

♥ 我有事跟你说，明天我去见兰兰，如果你有时
间的话，咱们一起去吧。

Wǒ yǒu shì gēn nǐ shuō, míngtiān wǒ qù jiàn Lánlan, rúguǒ nǐ yǒu
shíjiān dehuà, zánmen yìqǐ qù ba.

너한테 할 말 있어, 내일 란란이랑 만나는데 시간 되면 같이 가자.

♥ 我有事跟你说，前天我跟女朋友吵架了，不知道
该怎么和好。

Wǒ yǒu shì gēn nǐ shuō, qiántiān wǒ gēn nǚ péngyou chǎojià le, bù zhīdào
gāi zěnme héhǎo.

너한테 할 말 있어, 이틀 전에 여자 친구랑 싸웠는데 어떻게 화해를 해야 할지 모르겠어.

 商量 shāngliang 통 상의하다 • 推荐 tuījiàn 통 추천하다 • 景点 jǐngdiǎn 명
명소 • 吵架 chǎojià 통 다투다 • 和好 héhǎo 통 화해하다

Unit ②

상대에게 호감을 주는 표현은 따로 있다?

호감 가는 사람의 특징 중 하나가 상대방의 입장을 고려하고 배려하는 말투가 아닐까 싶은데요. 먼저 도움을 줄 때 帮忙, 예의 있게 부탁할 때는 帮我, 양해를 구할 때는 耽误로 표현할 수 있어요. 상대에게 좋은 인상을 줄 수 있는 예의 있는 표현을 자세히 알아봅시다.

🎬 帮忙 살펴보기

◆ '일(손)을 돕다'는 의미로 상대방에게 먼저 다가가 도움을 줄 때 사용하는 표현이에요.

✅ **你需要帮忙*吗?**
Nǐ xūyào bāngmáng ma?
도와드릴까요?

> **Tip**
> 帮忙은 이합사로 帮과 忙 사이에 기타 성분이 올 수 있어요.
> 帮一个忙 한 번 도와주다
> 帮什么忙 무엇을 도와드릴까요

✅ **我有什么可以帮忙的吗?**
Wǒ yǒu shénme kěyǐ bāngmáng de ma?
제가 도울 수 있는 일이 있을까요?

🎬 帮我 살펴보기

◆ 상대방에게 예의 있게 부탁할 때 사용하며 [麻烦你/能不能+帮我+도움을 청할 일]의 패턴으로 활용도가 높은 표현이에요.

✅ **麻烦你帮我拍张照片，好吗?**
Máfan nǐ bāng wǒ pāi zhāng zhàopiàn, hǎo ma?
사진 촬영을 좀 부탁드려도 될까요?

✌ 麻烦你帮我查一下资料，好吗？

Máfan nǐ bāng wǒ chá yíxià zīliào, hǎo ma?

자료 찾는 것 좀 부탁드려도 될까요?

✌ 你能不能帮我联系一下兰兰？

Nǐ néng bu néng bāng wǒ liánxì yíxià Lánlan?

란란이한테 연락해 주실 수 있나요?

✌ 你能帮我改一下这几个句子吗？

Nǐ néng bāng wǒ gǎi yíxià zhè jǐ ge jùzi ma?

이 문장들을 좀 고쳐줄 수 있나요?

🎬 耽误 살펴보기

◆ '시간을 허비하다', '시간을 지체하다'라는 의미로, 일이나 시간이 지체된 것에 대해 양해를 구할 때 사용해요. 대화 중이나 대화가 끝난 후에 쓸 수 있는 예의 바른 표현이에요.

✌ 我耽误你时间了。

Wǒ dānwu nǐ shíjiān le.

제가 시간을 너무 뺏었네요.

✌ 我是不是耽误你工作了？

Wǒ shì bu shì dānwu nǐ gōngzuò le?

제가 당신 일하는데 방해한 거 아니에요?

 资料 zīliào 명 자료 • 联系 liánxì 동 연락하다

약속을 정할 땐 이 표현들만 기억해!

친구와 영화를 보고 싶을 때 '너랑 영화 보고 싶은데, 언제 시간 돼?' 이렇게 물어 보곤 하죠. 이때 '하고 싶다'는 의미로 想만 사용하고 있나요? 원어민이 약속을 정할 때 자주 쓰는 세 가지 표현이 있는데요. 약속하고 싶다고 말할 때는 约, 상대방의 일정을 물어볼 때는 安排, 약속 시간을 정할 때는 方便을 사용해요.

🎬 约 살펴보기

◆ 주로 [我想约你+동사]의 패턴으로 쓰이며 '당신과 ~을 (약속)하고 싶다'로 해석해요.

♡ **我想约你吃饭。**
Wǒ xiǎng yuē nǐ chī fàn.
나 너랑 밥 먹고 싶어.

♡ **我想约你去看电影。**
Wǒ xiǎng yuē nǐ qù kàn diànyǐng.
나 너랑 영화 보러 가고 싶어.

🎬 安排 살펴보기

◆ '스케줄(을 짜다)'는 의미로 약속을 잡기 전 상대방의 일정을 물어볼 때 사용해요.

♡ **今天中午你有什么安排吗?**
Jīntiān zhōngwǔ nǐ yǒu shénme ānpái ma?
오늘 점심에 스케줄 있어?

♥ 要是你没有什么安排，我请你吃饭！
Yàoshi nǐ méiyǒu shénme ānpái, wǒ qǐng nǐ chī fàn!
너 스케줄 없으면 내가 한 턱 쏠게!

🎬 方便 살펴보기

◆ '편하다'는 의미로 상대방을 배려해서 약속 시간을 정할 때 쓸 수 있는 표현이에요.

♥ 你什么时候方便?
Nǐ shénme shíhou fāngbiàn?
넌 언제가 편해?

♥ 明天下午三点你方便吗?
Míngtiān xiàwǔ sān diǎn nǐ fāngbiàn ma?
내일 오후 3시 괜찮아?

Plus⊕ | '약속' 관련 사자성어

一言为定은 일상생활에서 자주 쓰는 성어로 '번복없이 약속하다'는 의미를 나타내요. 그 밖에 비슷한 표현으로는 说话算话, 不见不散 등이 있어요.

⊕ 晚上咱们一起吃羊肉串吧, 一言为定!
Wǎnshang zánmen yìqǐ chī yángròu chuàn ba, yì yán wéi dìng!
우리 저녁에 같이 양꼬치 먹자, 약속했다!

 단어 说话算话 shuōhuà suànhuà 말한 것은 지킨다 • 不见不散 bújiàn búsàn 성 만날 때까지 기다리다

즐거운 식사를 위한 예절 표현을 알아보자!

중국인은 손님을 초대해 대접하는 것을 좋아하고 또 그것을 즐긴다고 해요. 중국인에게 "함께 식사합시다"라는 말은 단순히 밥 한 끼를 같이 먹는다는 의미를 넘어 상대방에 대해 더 알고 싶다는 진심 어린 표현이에요. 만약 중국인 친구가 자신의 집으로 당신을 초대했다면 당신과 친해지고 싶다는 의미예요. 중국인과 식사할 때 알아 두면 도움되는 몇 가지 표현을 알아봅시다!

🎬 식사 전 표현

♥ **好香啊!**
Hǎo xiāng a!
냄새가 좋아요!

♥ **今天太有口福了!**
Jīntiān tài yǒu kǒufú le!
오늘 먹을 복이 있네요.

♥ **您的手艺太好了!**
Nín de shǒuyì tài hǎo le!
솜씨가 대단하시네요!

♥ **你有什么忌口的吗?**
Nǐ yǒu shénme jìkǒu de ma?
가리는 음식이 있나요?

♥ 我不知道合不合你的口味。
Wǒ bù zhīdào hé bu hé nǐ de kǒuwèi.
당신 입에 맞을지 모르겠네요.

🎬 식사 후 표현

♥ 感谢您给我准备这么丰盛的晚餐。
Gǎnxiè nín gěi wǒ zhǔnbèi zhème fēngshèng de wǎncān.
저를 위해 이렇게 푸짐한 저녁을 준비해 주셔서 감사해요.

♥ 感谢您的盛情款待。
Gǎnxiè nín de shèngqíng kuǎndài.
따뜻하게 환대해 주셔서 감사해요.

♣ 같이 보면 좋아요! Chapter 1 · Unit 6 | Chapter 1 · Unit 15

Plus⊕ 음식을 남기는 것이 예의다?

식사 초대를 받았을 때, 한국에서는 '잘 먹었다'는 의미로 음식을 남기지 않는 것을 선호하지만, 중국에서는 깨끗하게 비워진 그릇을 보면 '준비한 음식이 부족했다'라는 인상을 받을 수 있어 음식을 조금 남기는 것이 예의라고 해요. 한국과 비슷한 듯 다른 중국의 식사 에티켓을 꼭 기억해 두세요!

 口福 kǒufú 명 먹을 복 • 手艺 shǒuyì 명 솜씨 • 忌口 jìkǒu 동 (병이나 다른 이유로) 음식을 가리다 • 口味 kǒuwèi 명 구미 • 丰盛 fēngshèng 형 풍부하다 • 盛情 shèngqíng 명 두터운 정 • 款待 kuǎndài 동 환대하다

술자리를 위한 꿀팁 표현을 알아보자!

좋은 사람과 함께 하면 언제나 즐거운 술자리! 한국과 마찬가지로 중국도 즐거운 곳엔 언제나 술이 빠지지 않는데요. 특히 중국 특유의 인맥 문화인 '꽌시'를 맺는 자리에서 술은 중요한 역할을 한다고 해요. 중국인과의 술자리에서 쓸 수 있는 유용한 표현을 미리 익혀 두세요!

🎬 술을 마실 때 표현

◆ 술자리에서 '한잔하자'고 말할 때 喝 말고 走一个 혹은 碰一个라고 표현해요. 또 痛快는 '통쾌하다', '즐겁다'라는 의미로 술 마실 때 자주 쓰는 단어예요.

✅ 走一个，再走一个。
Zǒu yí ge, zài zǒu yí ge.
한 잔하고, 한 잔 더 해요.

✅ 咱们碰一个吧!
Zánmen pèng yí ge ba!
우리 한잔해요!

✅ 咱们喝个痛快。
Zánmen hē ge tòngkuài.
우리 즐겁게 마셔요.

✅ 咱们痛痛快快地喝。
Zánmen tòngtongkuàikuài de hē.
우리 즐겁게 마셔요.

🎬 술을 거절할 때 표현

◆ 술을 정중히 거절할 때는 '차로 술을 대신한다'는 의미를 가진 以茶代酒로 표현할 수 있어요. 그 외에 다양한 표현들을 알아두세요.

❤ **抱歉，咱们以茶代酒，可以吗?**
Bàoqiàn, zánmen yǐ chá dài jiǔ, kěyǐ ma?
죄송한데 차로 대신해도 될까요?

❤ **我酒精过敏。**
Wǒ jiǔjīng guòmǐn.
저 술 알레르기가 있어요.

❤ **我的酒量不好*。**
Wǒ de jiǔliàng bù hǎo.
저 주량이 약해요.

 Tip '주량이 세다'는 표현은 이렇게 말해요.
你的酒量很好. 주량이 세군요.
你真是海量. 정말 말술이시네요.

Plus⊕ **'不醉不归'는 무슨 뜻일까요?**

不醉不归는 '취할 때까지 즐겁게 마시자'라는 의미로 회식이나 모임에 빠지지 않고 나오는 표현이에요.

⊕ **咱们俩今天不醉不归啊!**
Zánmen liǎ jīntiān bú zuì bù guī a!
우리 둘이 오늘 취할 때까지 즐겁게 마셔요!

 단어 痛快 tòngkuài 혱 통쾌하다 • 酒精 jiǔjīng 몡 알코올 • 过敏 guòmǐn 몡 알레르기
• 酒量 jiǔliàng 몡 주량 • 海量 hǎiliàng 몡 술을 많이 마심. 또는 그런 사람

선물을 주고받을 때 쓰는 매너 표현

중국에서 선물은 특유의 인맥 문화인 '꽌시' 형성의 기본이자 비즈니스의 첫 시작이라고 할 수 있어요. 따라서 선물을 주고받는다는 것은 매우 중요한 의미를 가지기도 해요. 선물을 주고받을 때 쓰는 유용한 표현을 알아두세요!

선물을 건넬 때 표현

- 这是我的一点心意。
  Zhè shì wǒ de yìdiǎn xīnyì.
  이건 제 마음이에요.

- 我不知道合不合你的心意。
  Wǒ bù zhīdào hé bu hé nǐ de xīnyì.
  당신 마음에 들지 모르겠네요.

- 我希望你能喜欢这个礼物。
  Wǒ xīwàng nǐ néng xǐhuan zhège lǐwù.
  당신이 이 선물을 좋아하면 좋겠어요.

🎬 선물을 받을 때 표현

✔ **这是我收到的最好的礼物。**
Zhè shì wǒ shōudào de zuì hǎo de lǐwù.
이건 제가 받은 최고의 선물이에요.

✔ **您太客气了。**
Nín tài kèqi le.
너무 겸손하시네요.

✔ **我怎么好意思*啊？**
Wǒ zěnme hǎoyìsi a?
제가 염치없이 어떻게 받아요?

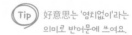 Tip 好意思는 '염치없이'라는
의미로 반어문에 쓰여요.

🎬 선물을 거절할 때 표현

✔ **你的好意我领了，但是这个礼物我不能收。**
Nǐ de hǎoyì wǒ lǐng le, dànshì zhège lǐwù wǒ bùnéng shōu.
당신의 성의는 고마운데 이 선물은 받을 수 없어요.

Plus⊕ 중국의 선물 문화

중국인들은 선물을 받을 때 한 번에 덥석 받지 않고 두 세 번 정중하게 거절한 후에 받는 것
이 예의라고 생각해요. 또, 선물을 받은 후 상대가 보는 앞에서 포장을 뜯지 않는다는 점도 함
께 기억해 두세요!

 단어 **心意** xīnyì 명 마음 • **客气** kèqi 형 예의가 바르다 • **好意** hǎoyì 명 호의

Unit 7

Hot Item을 추천할 땐 이렇게 표현한다?

친구에게 맛집이나 괜찮은 아이템을 추천할 때 '요즘 인기 있어!' 혹은 '요즘 핫한 거야!'라고 말하죠. 이때 '인기 있다'를 중국어로 受欢迎, 热门, 抢手 등으로 표현할 수 있어요. 각 단어의 뉘앙스에 어떤 차이가 있는지 함께 알아봅시다.

受欢迎 살펴보기

◆ 광범위하게 사용되는 단어로 주로 제품, 브랜드, 직업, 사람 등을 소개할 때 쓰여요.

> **这些产品都是受欢迎的。**
> Zhè xiē chǎnpǐn dōu shì shòu huānyíng de.
> 이 제품들은 모두 인기 제품이야.

> **他是我们学校最受欢迎的老师。**
> Tā shì wǒmen xuéxiào zuì shòu huānyíng de lǎoshī.
> 저분이 우리 학교에서 가장 인기있는 선생님이야.

热门 살펴보기

◆ '인기 있다', '유행하다'는 의미로 주로 식당, 영화, 프로그램, 전공 등을 소개할 때 쓰여요.

> **今年中国最热门的话题是什么?**
> Jīnnián Zhōngguó zuì rèmén de huàtí shì shénme?
> 올해 중국에서 가장 인기있는 토픽은 뭐야?

꙾ **这些热门偶像剧你都看了吗?**
Zhè xiē rèmén ǒuxiàngjù, nǐ dōu kàn le ma?
이 인기 청춘 드라마들은 다 봤어?

🎬 **抢手** 살펴보기

◆ '인기 있다', '(인기를 끌어) 잘 팔리다'는 의미로 주로 제품, 직업, 전공, 사람 등을 소개할 때 쓰여요.

꙾ **这条裤子很抢手。**
Zhè tiáo kùzi hěn qiǎngshǒu.
이 바지는 잘 팔린다.

꙾ **这个职业太抢手了。**
Zhège zhíyè tài qiǎngshǒu le.
이 직업은 인기 있어.

Plus⁺ **중국어로 '베스트셀러'는?**

'인기 있다', '잘 팔리다'는 의미를 가진 단어 뒤에 '제품'을 뜻하는 货를 붙이면 '베스트셀러'가 되요.

➕ 抢手货 qiǎngshǒuhuò   ➕ 畅销货 chàngxiāohuò   ➕ 热门货 rèménhuò

♣ 같이 보면 좋아요! Chapter 2 · Unit 9

 产品 chǎnpǐn 몡 제품 • 偶像剧 ǒuxiàngjù 몡 청춘 드라마 • 职业 zhíyè 몡 직업
• 专业 zhuānyè 몡 전공 • 行业 hángyè 몡 업종

Unit ⑧

전화 매너, 이 표현은 꼭 알아 두자!

중국어 급수가 높은 학습자라도 업무상 중국어로 통화할 때는 긴장되기 마련이죠. 그러다 보면 실수도 하게 되고, 서둘러 전화를 끊게 돼요. 긴장하지 않고 원어민과 자유롭게 이야기 할 수 있도록 전화 통화와 관련된 다양한 표현을 미리 배워봅시다.

🎬 전화 받을 때 표현

> **你方便接电话吗?**
> Nǐ fāngbiàn jiē diànhuà ma?
> 잠깐 통화 괜찮으세요?

> **我有事儿就给你打电话了。**
> Wǒ yǒu shì jiù gěi nǐ dǎ diànhuà le.
> 용건이 있어 전화했어요.

🎬 통화 중일 때 표현

> **这边信号不太好，我换个地方再打给你吧。**
> Zhèbiān xìnhào bú tài hǎo, wǒ huàn ge dìfang zài dǎ gěi nǐ ba.
> 여기 신호가 약해서 자리를 옮기고 다시 전화할게요.

> **我手机快没电了，一会儿打给你，行吗?**
> Wǒ shǒujī kuài méi diàn le, yíhuìr dǎ gěi nǐ, xíng ma?
> 핸드폰 배터리가 다 되었는데, 잠시 후에 전화해도 될까요?

🎬 통화를 마무리할 때 표현

A **你还有其他事吗? 如果没有的话，咱们改天聊，好吗?**
Nǐ hái yǒu qítā shì ma? Rúguǒ méiyǒu dehuà, zánmen gǎitiān liáo, hǎo ma?
다른 용건이 있으세요? 없으면 우리 다음에 얘기해도 될까?

B **好，那我就不打扰你了，你去忙吧! 挂了，再见。**
Hǎo, nà wǒ jiù bù dǎrǎo nǐ le, nǐ qù máng ba! Guà le, zàijiàn.
네, 방해하지 않을 테니 어서 볼일 보세요! 끊을게요.

Plus➕ **그 밖의 '통화 마무리' 표현**

그 밖에 가족이나 친밀한 친구 사이일 경우에는 다음과 같이 마무리할 수 있어요.

➕ **那就这样吧。**
Nà jiù zhèyàng ba.
그럼 그렇게 해요.

➕ **我先不跟你说了!**
Wǒ xiān bù gēn nǐ shuō le!
다음에 얘기해요!

 信号 xìnhào 명 신호

자기 PR, 이렇게 한다?

겸손이 미덕인 시대는 지나고 요즘은 자신의 가치를 자유롭게 드러내죠. '자기 어필'을 할 수 있는 표현에는 어떤 것들이 있을까요? 어떤 일에 '능숙하다'고 말할 때는 擅长, 어떤 기술에 '뛰어나다'고 말할 때는 拿手, '경험이 풍부하다'고 말할 때는 在行으로 표현할 수 있어요. 이제는 자연스럽게 자기 PR을 해 봅시다.

🎬 擅长 살펴보기

◆ 전문적인 기술이나 능력을 갖췄을 때 쓰이며 주로 [擅长+장기/재능]의 패턴으로 쓰여요.

> ♡ 我擅长书法。
> Wǒ shàncháng shūfǎ.
> 난 서예를 잘 해.

> ♡ 我擅长跟陌生人聊天。
> Wǒ shàncháng gēn mòshēng rén liáotiān.
> 난 낯선 사람과 얘기를 잘해.

🎬 拿手 살펴보기

◆ '노련하게 잘하다'라는 의미로 [⋯我很拿手] 혹은 [我最拿手的就是⋯]의 패턴으로 쓰여요.

> ♡ 画画儿我很拿手。
> Huà huàr wǒ hěn náshǒu.
> 난 그림을 잘 그려.

♥ 我最拿手的就是做菜。

Wǒ zuì náshǒu de jiù shì zuò cài.

내가 제일 잘하는 건 요리야.

🎬 在行 살펴보기

◆ '경험이 풍부하다', '전문가이다'라는 의미로 주로 [在…方面很在行]의 패턴으로 쓰여요.

♥ 我在汽车方面很在行。

Wǒ zài qìchē fāngmiàn hěn zàiháng.

자동차 분야에선 내가 전문가야.

♥ 我在电脑方面很在行。

Wǒ zài diànnǎo fāngmiàn hěn zàiháng.

컴퓨터 분야에서는 내가 전문가야.

♥ 我在做生意方面不在行*。

Wǒ zài zuò shēngyi fāngmiàn bù zàiháng.

난 사업 방면에는 문외한이야.

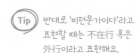

Tip 반대로 '비전문가이다'라고 표현할 때는 不在行 혹은 外行이라고 표현해요.

🗄 단어 擅长 shàncháng 동 뛰어나다 • 书法 shūfǎ 명 서예 • 陌生 mòshēng 형 생소하다, 낯설다 • 拿手 náshǒu 형 노련하게 잘하다 • 生意 shēngyi 명 영업 • 不在行 bú zàiháng 형 문외한이다 • 外行 wàiháng 형 (어떤 일에) 경험이 없다

성격의 장단점, 원어민은 어떻게 표현할까?

자기소개서를 작성하거나 면접을 볼 때 본인 성격의 장단점에 대해 이야기를 하곤 하죠. 이때 장점은 好, 단점은 不好로만 얘기하나요? 중국어로 성격의 장단점을 어떻게 표현하는지 함께 살펴보고 자기의 성격에 대해 자유롭게 말해 보세요!

🎬 장점 표현

✅ **他是一个又积极又*正直的人。**
Tā shì yí ge yòu jījí yòu zhèngzhí de rén.
그는 적극적이고 정직한 사람이야.

> **Tip** 성격의 장단점을 말할 때 [又…又…]의 패턴을 자주 사용해요.

✅ **他是一个又优秀又靠谱的人。**
Tā shì yí ge yòu yōuxiù yòu kàopǔ de rén.
그는 유능하고 믿음직한 사람이야.

✅ **他是一个又谦虚又礼貌的人。**
Tā shì yí ge yòu qiānxū yòu lǐmào de rén.
그는 겸손하고 예의가 바른 사람이야.

✅ **他是一个体贴的人，所以人缘一直很好。**
Tā shì yí ge tǐtiē de rén, suǒyǐ rényuán yìzhí hěn hǎo.
그는 배려심이 있는 사람이라 대인 관계가 늘 좋아.

🎬 단점 표현

✅ **他有一点小脾气。**
Tā yǒu yìdiǎn xiǎo píqi.
그는 성깔이 좀 있어.

✅ **他特别爱面子。**
Tā tèbié ài miànzi.
그는 체면을 너무 차려.

✅ **他很固执，总是不听别人的劝告。**
Tā hěn gùzhí, zǒngshì bù tīng biérén de quàngào.
그는 고집이 세서 다른 사람의 충고를 듣지 않아.

✅ **他是个玻璃心*，很容易受到伤害。**
Tā shì ge bōlí xīn, hěn róngyì shòudào shānghài.
그는 멘탈이 약해서 쉽게 상처받아.

> **(Tip)** 玻璃心은 인터넷 유행어로 상대의 비판과 질책에 쉽게 상처받는 사람을 일컬어요.

 正直 zhèngzhí 형 정직하다 • 谦虚 qiānxū 형 겸손하다 • 体贴 tǐtiē 동 자상하다
• 人缘 rényuán 명 대인 관계 • 固执 gùzhí 형 고집스럽다 • 劝告 quàngào 명
충고 • 伤害 shānghài 동 손상하다

원어민이 자주 쓰는 칭찬 표현은 따로 있다?

'칭찬은 고래도 춤추게 한다'는 어느 책 제목처럼 때와 상황에 맞는 칭찬 한마디는 분위기를 한층 살려주죠. 요즘은 '잘했다'고 칭찬할 때 真棒보단 인터넷 유행어인 点赞을 더 많이 사용해요. 또 '대단하다'고 말할 때는 牛, 了不起 등으로 표현한다고 해요. 원어민은 이 단어들을 어떻게 활용하는지 함께 살펴봅시다.

点赞 살펴보기

◆ 点은 '누르다', 赞은 '칭찬하다'라는 의미로 엄지척하며 가볍게 칭찬할 때 쓰는 표현이에요.

> 我给(为)你点赞。
> Wǒ gěi (wèi) nǐ diǎnzàn.
> 정말 잘했어.

> 你这么努力学习，妈妈给你点赞。
> Nǐ zhème nǔlì xuéxí, māma gěi nǐ diǎnzàn.
> 네가 이렇게 열심히 공부하다니, 엄마가 칭찬해.

牛 살펴보기

◆ '대단하다'라는 의미로 상대방의 능력이나 실력을 칭찬할 때 사용하며 주로 입말에 쓰여요.

> 这篇文章你写的吗？太牛了！
> Zhè piān wénzhāng nǐ xiě de ma? Tài niú le!
> 이 글을 네가 쓴 거야? 정말 대단하다!

✅ **你想出这么好的主意，太牛了！**
Nǐ xiǎng chū zhème hǎo de zhǔyi, tài niú le!
이렇게 좋은 아이디어를 내다니, 너 정말 대단하다!

🎬 了不起 살펴보기

◆ 상대방의 실력이 물개 박수를 칠 정도로 놀라울 때 쓰는 표현이에요.

✅ **这次比赛你得了一等奖，真了不起。**
Zhècì bǐsài nǐ déle yīděngjiǎng, zhēn liǎobuqǐ.
이번 대회에서 네가 1등을 하다니, 정말 놀랍다.

✅ **你精通5种语言，真了不起！**
Nǐ jīngtōng wǔ zhǒng yǔyán, zhēn liǎobuqǐ!
5개 국어에 능통하다니, 정말 대단하다!

Plus➕ 칭찬에 센스 있게 대답하기

중국에서는 상대방의 칭찬에 겸손한 태도를 보이는 것이 예의라고 생각해요. 앞으로는 '과찬의 말씀입니다', '칭찬해 주셔서 감사합니다' 등 칭찬에 센스 있게 대답해 보세요.

➕ **您过奖了。**
Nín guòjiǎng le.
과찬의 말씀이세요.

➕ **过奖过奖!**
Guòjiǎng guòjiǎng!
과찬이세요!

➕ **谢谢您的夸奖。**
Xièxie nín de kuājiǎng.
칭찬해 주셔서 감사해요.

 단어 篇 piān 양 편[문장을 세는 단위] • 一等奖 yīděngjiǎng 일등(상) • 精通 jīngtōng 동 정통하다 • 过奖 guòjiǎng 동 과찬이십니다 • 夸奖 kuājiǎng 남의 칭찬에 대한 겸손의 말

Unit ⑫

의견을 물어볼 때 이렇게도 표현한다?

우리는 종종 다른 사람에게 의견을 물어보곤 하죠. 이때 중국어로 怎么样이라는 표현이 가장 먼저 떠오르는데요. 실제 원어민이 怎么样만큼 자주 쓰는 표현이 있다고 해요. 어떤 주제에 대해 물어볼 때는 "你怎么看…?", 상대방의 의견을 물어볼 때는 "你对…有什么看法?", 조언을 구할 때는 "如果你是我的话, 你会怎么办?"으로 표현할 수 있어요.

你怎么看…? 살펴보기

◆ 어떤 문제나 이슈에 대해 물어볼 때 사용하며 [你对+소재+怎么+看/想] 혹은 [你怎么+看/想+소재]의 패턴으로 쓰여요. 여기서 看과 想은 모두 '생각하다'는 의미예요.

✔ **你对这个问题怎么看?**
Nǐ duì zhège wèntí zěnme kàn?
이 문제에 대해 어떻게 생각해?

✔ **你怎么想这个行业?**
Nǐ zěnme xiǎng zhège hángyè?
이 업종에 대해 어떻게 생각해?

你对…有什么看法? 살펴보기

◆ 인터뷰나 토론을 할 때 자주 사용하며 여기서 看法는 '의견', '관점'을 의미해요.

✔ **你对交通问题有什么看法?**
Nǐ duì jiāotōng wèntí yǒu shénme kànfǎ?
넌 교통 문제에 대해 어떻게 생각해?

♥ 你对丁克族有什么想法*?
Nǐ duì dīngkèzú yǒu shénme xiǎngfǎ?
넌 딩크족에 대해 어떻게 생각해?

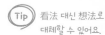
Tip 看法 대신 想法로 대체할 수 있어요.

🎬 如果你是我的话，你会怎么办? 살펴보기

◆ 상대방에게 조언을 구할 때 자주 쓰는 표현이에요.

♥ 我女朋友好像生我的气了，如果你是我的话，
你会怎么办?
Wǒ nǚ péngyou hǎoxiàng shēng wǒ de qì le, rúguǒ nǐ shì wǒ dehuà,
nǐ huì zěnme bàn?
여자친구가 나한테 화난 거 같은데, 만약 너라면 어떻게 할 거야?

⋯⋯⋯⋯⋯⋯⋯⋯⋯⋯⋯⋯⋯⋯⋯⋯⋯⋯

♥ 公司待遇不怎么好，如果你是我的话，你会怎么办?
Gōngsī dàiyù bù zěnme hǎo, rúguǒ nǐ shì wǒ dehuà, nǐ huì zěnme bàn?
회사에서의 대우가 좋지 않은데, 만약 너라면 어떻게 할 거야?

Plus⊕ "你说呢?" 무슨 뜻일까요?

상대방의 생각을 가볍게 물어볼 때 쓸 수 있는 표현이에요.

⊕ A 这件衣服挺好看的，你说呢?
Zhè jiàn yīfu tǐng hǎokàn de, nǐ shuō ne?
이 옷 예쁜 것 같은데 넌 어때?

B 还行，就是价钱太贵了。
Hái xíng, jiù shì jiàqián tài guì le.
괜찮긴 한데, 많이 비싸네.

 단어 行业 hángyè 명 업종 · 丁克族 dīngkèzú 명 딩크족 · 待遇 dàiyù 명 대우

상대방의 컨디션을 물어볼 때 이렇게 말해 봐!

무슨 일이라도 생긴 걸까? 오늘따라 영 기분이 안 좋아 보이는 친구에게 어떻게 말을 건네면 좋을까요? 친구의 기분이 어떤지 물어볼 때는 心情, 고민이 있는지 물어볼 때는 心事, 컨디션이 어떤지 물어볼 때는 状态로 표현할 수 있어요. 실제 원어민들은 이 세 단어를 어떻게 사용하는지 함께 살펴봅시다.

🎬 心情 살펴보기

◆ '기분', '심정'이라는 의미로 상대방의 기분이 어떤지 물어볼 때 사용해요.

> A 今天你心情不好吗?
> Jīntiān nǐ xīnqíng bù hǎo ma?
> 오늘 기분이 안 좋아?

> B 我没有心情*吃饭。
> Wǒ méiyǒu xīnqíng chī fàn.
> 나 밥 먹을 기분 아니야.

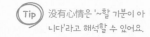

Tip 没有心情은 '~할 기분이 아니다'라고 해석할 수 있어요.

🎬 心事 살펴보기

◆ '걱정거리', '고민'라는 의미로 고민이 있는지 물어볼 때 사용해요.

> A 你是不是有什么心事啊?
> Nǐ shì bu shì yǒu shénme xīnshì a?
> 너 무슨 고민 있니?

> B 是啊，我最近有烦心的事。
> Shì a, wǒ zuìjìn yǒu fánxīn de shì.
> 응, 요즘 짜증나는 일이 좀 있어.

🎬 状态 살펴보기

◆ '상태'라는 의미로 상대방의 기분이나 상태를 물어볼 때 사용해요.

☑ A **看起来你的状态*不太好。**
Kàn qǐlái nǐ de zhuàngtài bú tài hǎo.
너 컨디션이 안 좋아 보여.

B **对，今天大姨妈来了。**
Duì, jīntiān dàyímā lái le.
응, 나 오늘 생리 시작했어.

> (Tip) '상태가 좋지 않다'는
> 状态很差로도 표현해요.

🎫 **Plus⊕** **'没精打采'는 무슨 뜻일까요?**

没精打采는 '활기가 없다', '의기소침하다'라는 의미로 상대방이 기운이 없어 보일 때 쓸 수 있는 표현이에요.

⊕ A **你怎么没精打采的？到底怎么了？**
Nǐ zěnme méijīng dǎcǎi de? Dàodǐ zěnme le?
왜 이렇게 기운이 없어? 도대체 무슨 일이야?

B **昨天我没睡好，困死了。**
Zuótiān wǒ méi shuìhǎo, kùnsǐ le.
어제 잠을 제대로 못 자서 그런지 피곤해.

 烦心 fánxīn [형] 짜증나다 • 大姨妈 dàyímā [명] 생리

토닥토닥 응원의 메세지를 보내 보자!

새로운 시작을 준비하는 친구, 또는 취업난으로 힘들어하는 친구에게 응원이나 격려의 메시지를 보내고 싶을 때 중국어로 어떻게 표현해야 할까요? 원어민은 이럴 때 종종 성어를 활용해 표현한다고 하는데요. 상황에 따른 적절한 표현이 무엇인 살펴보고 가족, 친구, 동료에게 진심을 담은 응원과 격려의 메시지를 보내봅시다.

🎬 진로, 꿈에 대한 메세지

◈ **你一定可以心想事成的!**
Nǐ yídìng kěyǐ xīn xiǎng shì chéng de!
넌 꼭 꿈을 이룰 수 있어!

◈ **我希望你可以梦想成真。**
Wǒ xīwàng nǐ kěyǐ mèngxiǎng chéngzhēn.
네 꿈이 꼭 이루어지길 바래.

◈ **你要相信"有志者事竟成"。**
Nǐ yào xiāngxìn 'yǒu zhìzhě shì jìng chéng'.
넌 "의지가 있는 자가 성공한다"는 걸 믿어야 해.

◈ **梦想还是要有的，万一实现了呢。**
Mèngxiǎng háishì yào yǒu de, wànyī shíxiàn le ne.
그래도 꿈은 가져야지, 혹시 이루어질지도 모르잖아.

🎬 좌절, 실패에 대한 메세지

✅ A **我上当了，他怎么这样对我呢？**
Wǒ shàngdàng le, tā zěnme zhèyàng duì wǒ ne?
사기 당했어. 걔가 어떻게 나한테 그럴 수 있니?

B **吃一堑长一智吧。**
Chī yí qiàn zhǎng yí zhì ba.
이번 일로 교훈을 얻었다고 생각해.

✅ **放心吧！车到山前必有路。**
Fàngxīn ba! Chē dào shān qián bì yǒu lù.
걱정 마! 하늘이 무너져도 솟아날 구멍이 있어.

✅ **没事！哪里跌倒，哪里爬起来！**
Méishì! Nǎlǐ diēdǎo, nǎlǐ pá qǐlái!
괜찮아! 다시 시작하면 돼!

Plus➕ 그 밖의 '응원'의 메세지

➕ **你一定行的！**
Nǐ yídìng xíng de!
넌 할 수 있어!

➕ **不管你做什么，我都会支持你的！**
Bùguǎn nǐ zuò shénme, wǒ dōu huì zhīchí nǐ de!
네가 뭘 하든지 응원할게!

🎬 단어 **心想事成** xīn xiǎng shì chéng 마음에 품은 소원이 실현될 수 있다 • **梦想成真** mèngxiǎng chéngzhēn 꿈이 실현되다 • **有志者事竟成** yǒu zhìzhě shì jìng chéng 의지가 있는 사람은 결국에 성공한다 • **上当** shàngdàng 圖 속임을 당하다 • **吃一堑长一智** chī yí qiàn, zhǎng yí zhì 실패를 통해서 교훈을 얻는다 • **车到山前必有路** chē dào shān qián bì yǒu lù 하늘이 무너져도 솟아날 구멍이 있다 • **哪里跌倒，哪里爬起来** nǎlǐ diēdǎo, nǎlǐ pá qǐlái 실패를 딛고 다시 일어나다

당황할 때 쓰는 감탄 표현을 알아보자!

놀라거나 당황했을 때 적당한 감탄사가 떠오르지 않아 이제껏 啊啊啊?! 라고만 하셨나요? 중국어도 영어 OMG처럼 놀라거나 당황할 때 쓰는 감탄사가 있어요. 안 좋은 상황에 마주했을 때 糟了, 坏了, 完了 등으로 감탄할 수 있어요. 이 세 단어의 뉘앙스에는 어떤 차이가 있는지 함께 알아봅시다.

🎬 糟了 살펴보기

◆ '(일을) 그르치다'는 뜻의 糟가 감탄문에 쓰일 경우 '상황이 나쁘다'는 뉘앙스를 풍겨요.

☑ 糟了! 我的钱包丢了。
Zāo le! Wǒ de qiánbāo diū le.
큰일났네! 나 지갑 잃어 버렸어.

☑ 糟了*! 考砸了。
Zāo le! Kǎozá le.
망했네! 시험 망쳤어.

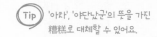
(Tip) '아차', '야단났군'의 뜻을 가진 糟糕로 대체할 수 있어요.

🎬 坏了 살펴보기

◆ 坏가 감탄문에 쓰일 경우 '큰일났다'라는 의미를 나타내요.

☑ 坏了! 电脑死机了!
Huài le! Diànnǎo sǐjī le!
큰일났네! 컴퓨터 다운됐어!

❣ 坏了！我忘了今天的聚会！
Huài le! Wǒ wàngle jīntiān de jùhuì!
큰일났네! 나 오늘 모임 있는 거 깜박했어!

🎬 完了 살펴보기

◆ 完이 감탄문에 쓰일 경우 '망했다'라는 의미로 完了, 完蛋了 등으로 표현해요.

❣ 完了！我没赶上火车啊！
Wán le! Wǒ méi gǎnshàng huǒchē a!
망했네! 나 기차 놓쳤어!

❣ 完蛋了！比赛又输了。
Wándàn le! Bǐsài yòu shū le.
망했네! 시합에 또 졌어.

 Plus ⊕ **중국어로 'OMG'는?**

天哪는 영어 OMG와 비슷한 의미로 깜짝 놀라거나 걱정하는 등 다양한 상황에서 쓸 수 있는 감탄사예요. 기타 감탄 표현으로는 哇塞, 我的妈呀 등이 있어요.

⊕ 天哪！你怎么不敲门就进来了？吓死我了！
Tiān na! Nǐ zěnme bù qiāomén jiù jìnlái le? Xià sǐ wǒ le!
어머나! 왜 노크도 없이 들어와? 깜짝 놀랐네!

🔖 단어 死机 sǐjī 통 다운되다 • 赶上 gǎnshàng 통 따라잡다 • 吓死 xià sǐ 통 몹시 놀라게 하다 • 敲门 qiāomén 문을 두드리다 • 哇塞 wāsài 감 와, 우와 • 我的妈呀 wǒ de mā ya 엄마야

도움을 청할 때 쓰는 표현을 알아보자!

도움을 청하거나 부탁할 때 제일 먼저 떠오르는 단어가 帮인데요. 실제 원어민은 부탁하는 상황이나 상대에 따라 다르게 표현해요. 정중하게 부탁할 때는 请, 공손하게 부탁할 때는 拜托, 친밀한 사이에 부탁할 때는 答应을 사용할 수 있어요.

🎬 请 살펴보기

◆ 정중하게 부탁하고 싶을 때 사용하며 [请/求+부탁할 내용]의 패턴으로 쓰여요.

> ✅ 我想请你帮忙。
> Wǒ xiǎng qǐng nǐ bāngmáng.
> 당신에게 부탁이 있어요.

> ✅ 我想求你帮我一件事。
> Wǒ xiǎng qiú nǐ bāng wǒ yí jiàn shì.
> 당신에게 한 가지 부탁이 있어요.

🎬 拜托 살펴보기

◆ 공손하게 부탁할 때 사용하며 [我想/能不能+拜托你+부탁할 내용]의 패턴으로 쓰여요.

> ✅ 我想拜托你一件事。
> Wǒ xiǎng bàituō nǐ yí jiàn shì.
> 당신에게 부탁이 하나 있어요.

✅ 拜托*，你别再说了！

Bàituō, nǐ bié zài shuō le!

제발 부탁인데 그만 좀 얘기하세요!

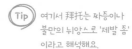 여기서 拜托는 짜증이나 불만의 뉘앙스로 '제발 좀'이라고 해석해요.

✅ 我能不能拜托你一件事？

Wǒ néng bu néng bàituō nǐ yí jiàn shì?

제가 당신에게 한 가지 부탁을 좀 해도 될까요?

🎬 答应 살펴보기

◆ 주로 친밀한 사이에서 사용하는 표현으로 '부탁 좀 들어줘'라고 해석해요.

✅ 你答应我一件事，好吗？

Nǐ dāying wǒ yí jiàn shì, hǎo ma?

내 부탁 하나 들어줄 수 있어?

✅ 学霸！求你答应我吧，今天陪我复习，好吗？

Xuébà! Qiú nǐ dāying wǒ ba, jīntiān péi wǒ fùxí, hǎo ma?

공붓벌레! 내 부탁 좀 들어줘, 오늘 나랑 복습하자?

📚 단어 学霸 xuébà [명] 공붓벌레

매너 있게 거절할 땐 이렇게 표현한다?

체면을 중요하게 생각하는 중국 사람들은 거절할 때도 직설적인 표현보다 완곡한 표현을 더 선호하는 편이에요. 이에 완곡하게 거절할 때는 '유감스럽다'라는 뜻의 真不巧, '아마도'를 뜻하는 恐怕, '유감이다'는 뜻의 抱歉 등으로 표현해요. 실제 원어민이 이 세 단어를 어떻게 사용하는지 살펴봅시다.

🎬 真不巧 살펴보기

◆ 真不巧는 '유감스럽다'라고 해석하며 뒤에는 거절하는 이유가 올 수 있어요. 여기서 巧는 생각지 않는 사실이나 사건과 마주쳐 '공교롭다'는 뉘앙스를 풍겨요.

　A 你能借我用自行车吗？
　　Nǐ néng jiè wǒ yòng zìxíngchē ma?
　　자전거 좀 빌려줄 수 있어?

　B 真不巧，今天我要用自行车，改天行吗？
　　Zhēn bù qiǎo, jīntiān wǒ yào yòng zìxíngchē, gǎitiān xíng ma?
　　정말 공교롭게도 오늘 내가 자전거를 써야 하는데, 다른 날은 어때?

　A 下午我有事要去你家附近，你一会儿有空吗？
　　Xiàwǔ wǒ yǒu shì yào qù nǐ jiā fùjìn, nǐ yíhuìr yǒu kòng ma?
　　오후에 일이 있어 네 집 근처에 가는데, 이따 시간 돼?

　B 真不巧，我不在家啊，下次吧。
　　Zhēn bù qiǎo, wǒ bú zài jiā a, xià cì ba.
　　공교롭게도 나 집에 없는데, 다음에 보자.

🎬 恐怕 살펴보기

◆ '아마도'라는 의미로 뒤에는 주로 부정적인 내용이 와요.

✓ A **周末商场就要开业了，咱们一起去逛街怎么样?**
Zhōumò shāngchǎng jiùyào kāiyè le, zánmen yìqǐ qù guàngjiē zěnmeyàng?
주말에 쇼핑몰 오픈하는데, 같이 쇼핑하러 가는 건 어때?

B **恐怕不行，我有约会。**
Kǒngpà bù xíng, wǒ yǒu yuēhuì.
아마도 안될 것 같아. 나 약속 있어.

🎬 抱歉 살펴보기

◆ 不好意思보다 더 공손한 표현으로 상대방의 부탁이나 제안을 거절할 때 사용해요.

✓ **抱歉, 我已经有约了，明天的聚会不能参加了。**
Bàoqiàn, wǒ yǐjing yǒu yuē le, míngtiān de jùhuì bùnéng cānjiā le.
미안한데, 약속이 있어서 내일 모임에 참석 못할 것 같아.

✓ **抱歉, 我临时有点事，改天再聊可以吗?**
Bàoqiàn, wǒ línshí yǒu diǎn shì, gǎitiān zài liáo kěyǐ ma?
미안한데, 갑자기 일이 생겼어. 다음에 다시 얘기해도 될까?

 巧 qiǎo 형 공교롭다 • **商场** shāngchǎng 명 쇼핑몰 • **开业** kāiyè 동 개업하다
• **约会** yuēhuì 명 약속 • **聚会** jùhuì 명 모임 • **临时** línshí 부 때에 이르러

Unit 18

'진정해'라고 말할 땐 이렇게 표현해 봐!

싸울 때마다 흥분하는 친구에게 진정하라고 말하고 싶을 때 어떻게 표현하나요? 우리말로 '침착해', '화 내지마', '워워워~' 등등 정말 다양하게 표현할 수 있죠? 중국어도 마찬가지예요. '침착해'라고 할 때는 冷静, '화 풀어'라고 할 때는 消气, 그리고 '진정해'라고 할 때는 着急로 표현할 수 있어요.

冷静 살펴보기

◆ 화가 나 이성을 잃은 상대방을 진정시킬 때 쓰는 단어로, 주로 중첩하거나 뒤에 一下를 붙여 사용해요.

> **你冷静冷静，这不是什么大问题！**
> Nǐ lěngjìng lěngjìng, zhè bú shì shénme dà wèntí!
> 좀 침착해. 이거 큰 문제는 아냐.

> **你能不能冷静一下，先听我说好吗？**
> Nǐ néng bu néng lěngjìng yíxià, xiān tīng wǒ shuō hǎo ma?
> 좀 진정하고 먼저 내 말 좀 들어주면 안돼?

> A **快要气炸了！**
> Kuàiyào qìzhà le!
> 폭발할 거 같아.

> B **别为这点小事生气，你先冷静一下。**
> Bié wèi zhè diǎn xiǎoshì shēngqì, nǐ xiān lěngjìng yíxià.
> 작은 일에 화내지 말고, 좀 진정해.

🎬 消气 살펴보기

◆ 상대방에게 화를 좀 풀라고 말을 하고 싶을 때 쓸 수 있는 표현이에요.

💚 A **他又把我惹毛了！他怎么可以这样呢?**
Tā yòu bǎ wǒ rě máo le! Tā zěnme kěyǐ zhèyàng ne?
또 날 화나게 했어! 걔가 어떻게 이럴 수가 있어?

B **怎么了? 你先消消气吧。**
Zěnme le? Nǐ xiān xiāoxiaoqì ba.
왜 그래? 먼저 화를 좀 가라앉혀 봐.

🎬 着急 살펴보기

◆ 신경이 날카롭게 곤두서 있는 상대를 진정시킬 때 사용하는 표현으로 주로 别와 함께 사용해요.

💚 A **我男朋友一直不接电话，真是气死我了！**
Wǒ nán péngyou yìzhí bù jiē diànhuà, zhēn shì qìsǐ wǒ le!
남자친구가 계속 전화를 안 받아 진짜 열 받아 죽겠어!

B **你别着急!**
Nǐ bié zháojí!
진정해!

♣ 같이 보면 좋아요! Chapter 1 · Unit 19

 气炸 qìzhà 통 분통이 터지다 • **小事** xiǎoshì 명 작은 일 • **气死我了** qìsǐ wǒ le 짜증나다. 열 받아 죽겠다.

사과할 때 어떻게 말하면 좋을까?

친구와 다툰 후 진심을 담아 사과할 때 우리는 '미안해', '용서해줘', '잘못했어' 등등
다양하게 표현하죠. 중국어도 마찬가지예요. 매번 对不起라고 하지 않아요. 잘못을
인정할 때는 错, 고의가 아니었다고 할 때는 故意, 누구를 탓할 때는 怪를 사용해요.

🎬 错 살펴보기

◆ '잘못', '실수'라는 의미로 자신의 잘못을 인정하고 용서를 구할 때 쓸 수 있어요.

> A **今天的事都是我的错，原谅我吧。**
> Jīntiān de shì dōu shì wǒ de cuò, yuánliàng wǒ ba.
> 오늘 일은 모두 내 잘못이야, 용서해 줘.

> B **下次别这样了。**
> Xià cì bié zhèyàng le.
> 다음부터 그러지 마.

🎬 故意 살펴보기

◆ '일부러'라는 의미로 고의가 아닌 '실수'였다고 말할 때 쓸 수 있어요.

> A **我不是故意的，你相信我吧。**
> Wǒ bú shì gùyì de, nǐ xiāngxìn wǒ ba.
> 일부러 그런 거 아니야, 믿어 줘.

> B **这次我就放你一马。**
> Zhècì wǒ jiù fàng nǐ yī mǎ.
> 이번엔 봐 줄게.

🎬 怪 살펴보기

◆ '책망하다'는 의미로 잘못이 전적으로 자신에게 있다고 표현할 때 쓸 수 있어요.

A 对不起，这一切都怪我。
Duìbuqǐ, zhè yíqiè dōu guài wǒ.
미안해. 모두 내 잘못이야.

B 没事。
Méishì.
괜찮아.

Plus⊕ ‘下不为例’는 무슨 뜻일까요?

下不为例는 '이번에만 이렇게 하는 것을 허락한다'는 뜻으로 잘못을 저지른 사람을 용서할 때 쓰는 성어예요.

⊕ A 以后你不能这样了！下不为例！
Yǐhòu nǐ bù néng zhèyàng le! Xiàbùwéilì!
앞으로 이렇게 하면 안돼! 이번만이야.

B 我保证下不为例。
Wǒ bǎozhèng xiàbùwéilì.
다음에는 안 그럴게.

📚 放一马 fàngyīmǎ 한 번 봐주다

각오를 다짐할 땐 이 표현들만 기억해!

새해가 되면 누구나 새로운 다짐을 하곤 하죠. 이때 "我会努力!"라는 표현을 많이 쓰는데요. 원어민은 더 다양하게 자신의 포부와 자신감을 표현해요. [一定会+동사+的]의 패턴은 '반드시 ~할 것이다'라는 의미로 '달성하다'의 做到, '실망하다'의 失望, '힘을 다하다'의 尽力 등과 자주 어울려 쓰여요. 해당 패턴을 활용한 문장을 익혀 각오와 다짐을 표현해 봅시다.

做到 살펴보기

◆ '해내다', '달성하다'는 의미로, 목적한 것을 이루거나 성취했을 때 쓸 수 있어요.

> A 你这个目标有点高啊！能做到吗?
> Nǐ zhège mùbiāo yǒudiǎn gāo a! Néng zuòdào ma?
> 너 이번 목표가 조금 높던데, 할 수 있겠어?

> B 我一定会做到的。
> Wǒ yídìng huì zuòdào de.
> 난 꼭 해낼 거야.

失望 살펴보기

◆ 상대방의 기대에 부응하여 절대 실망시키지 않겠다는 자신감을 표현할 때 사용해요.

> A 你对这次比赛有自信吗?
> Nǐ duì zhècì bǐsài yǒu zìxìn ma?
> 너 이번 대회 자신 있어?

B 有，我一定不会让您失望的。
Yǒu, wǒ yídìng bú huì ràng nín shīwàng de.
있어, 절대 실망시키지 않을게.

尽力 살펴보기

◆ '힘쓰다', '애쓰다'는 의미로, 상대방의 요청과 부탁에 대한 답변으로도 종종 쓰여요.

A 你觉得这次考试能通过吗?
Nǐ juéde zhècì kǎoshì néng tōngguò ma?
이번 시험에 합격할 수 있을 거 같아?

B 很难说，不过我一定会尽力的。
Hěn nánshuō, búguò wǒ yídìng huì jìnlì de.
글쎄. 근데 난 최선을 다 할 거야.

Plus⊕ '再接再厉'는 무슨 뜻일까요?

再接再厉는 지금의 상황에 만족하지 않고 '더 힘을 내어 노력한다'는 의미로 스스로 무엇이든지 열심히 하려는 의지를 나타내거나 상대방을 응원할 때 자주 쓰이는 성어예요.

⊕ 我绝对不会放弃，一定会再接再厉的。
Wǒ juéduì bú huì fàngqì, yídìng huì zàijiē zàilì de.
난 절대 포기하지 않고 최선을 다 할 거야.

단어 目标 mùbiāo 명 목표 • 难说 nánshuō 동 말하기 어렵다 • 尽力 jìnlì 동 힘쓰다
• 绝对 juéduì 부 절대로, 완전히

문장 마스터

⭐ 아래 빈칸을 채우며 배웠던 내용을 복습해 보세요.

01 저기말이야, 너랑 상의하고 싶은 문제가 하나 있어.

_____, 我有一个问题想跟你商量一下。

02 제가 당신 일하는데 방해한 거 아니에요?

我是不是_____你工作了？

03 오늘 점심에 스케줄 있어?

今天中午你有什么_____吗？

04 솜씨가 대단하시네요!

您的_____！

05 죄송한데, 차로 대신해도 될까요?

抱歉，咱们_____，可以吗？

06 당신 마음에 들지 모르겠네요.

我不知道_____。

07 이 제품들은 모두 인기 제품이야.

这些产品都是_____的。

08 핸드폰 배터리가 다 되었는데, 잠시 후에 전화해도 될까요?

我手机快没电了，_____，行吗？

09 내가 제일 잘하는 건 요리야.

我最_____的就是做菜。

10 그는 멘탈이 약해서 쉽게 상처 받아.

他是个_____，很容易受到伤害。

11. 이렇게 좋은 아이디어를 내다니, 너 정말 대단하다!

你想出这么好的主意, 太_____了!

12. 이 문제에 대해 어떻게 생각해?

你对这个问题_____?

13. 너 무슨 고민 있니?

你是不是有什么_____啊?

14. 네 꿈이 꼭 이루어지길 바래.

我希望你可以_____。

15. 큰일났네! 나 오늘 모임 있는 거 깜빡했어!

_____! 我忘了今天的聚会!

16. 당신에게 한 가지 부탁이 있어요.

我想_____你帮我一件事。

17. 아마도 안 될 것 같아, 나 약속이 있어.

_____不行，我有约会。

18. 작은 일에 화내지 말고, 좀 진정해.

别为这点小事生气, 你先_____一下!

19. 일부러 그런 거 아니야, 믿어 줘.

我不是_____的，你相信我吧。

20. 글쎄, 근데 난 최선을 다 할 거야.

很难说，不过我一定会_____的。

Chapter ④

자주 실수하는
한국식 중국어

뜨거우니 조심하라고 할 땐 热보단 烫

'뜨겁다'라고 할 때 가장 먼저 떠오르는 단어는 热이지만 실제 원어민은 烫을 많이 사용해요. 热와 烫은 모두 '뜨겁다'는 의미이지만, 그 쓰임새에 차이가 있어요. 烫은 높은 온도에 피부가 손상될 정도의 뜨거움을 나타내고 热는 날씨가 덥거나 물체의 온도가 높을 때 사용해요. 따라서 물체의 온도가 지나치게 높아 조심하라고 할 때는 烫을 사용해요.

烫 살펴보기

❶ 지나치게 **뜨겁다**

> 别碰它！很烫。
> Bié pèng tā! Hěn tàng.
> 만지지 마! 엄청 뜨거워.

❷ 불이나 끓은 물에 **데다**

> 小心烫嘴！
> Xiǎoxīn tàng zuǐ!
> 입 데지 않게 조심해!

> 小心烫手！
> Xiǎoxīn tàngshǒu!
> 손 데이지 않게 조심해!

머리를 <u>파마</u>(하다)

◎ 昨天我烫发了，怎么样？
Zuótiān wǒ tàngfà le, zěnmeyàng?
나 어제 파마했는데, 어때?

◎ 最近流行烫发发型有哪些？
Zuìjìn liúxíng tàngfà fàxíng yǒu nǎ xiē?
요즘 유행하는 헤어스타일은 뭐예요?

热의 올바른 사용법

▷ 날씨나 물체의 온도가 <u>뜨겁다</u>

麻烦你给我一杯热水。
Máfan nǐ gěi wǒ yì bēi rèshuǐ.
뜨거운 물 한 잔 주세요.

天气好热。
Tiānqì hǎo rè.
날씨가 너무 덥다.

▷ 식었거나 찬 것을 <u>데우다</u>

你把饭热一下。
Nǐ bǎ fàn rè yíxià.
밥 좀 데워 줘.

 烫 tàng 형 지나치게 뜨겁다 동 화상을 입다, 파마하다 • 碰 pèng 동 만지다 • 流行 liúxíng 동 유행하다 • 发型 fàxíng 명 헤어스타일

Unit ❷

소심하다는 小心보단 胆子小

대담하지 못하고 조심성이 지나쳐 '소심하다'고 할 때 小心보단 胆子小를 더 자주 사용해요. '담력', '용기'의 뜻을 가진 胆子와 '작다'란 뜻의 小를 결합해 '담력이 작다', 즉 '소심하다'란 의미로 쓰여요. 중국어로 小心는 '주의하다(注意)'는 의미로 쓰이니 참고하세요.

🎬 胆子 살펴보기

❶ 대담하지 못하고 소심하다

> ✅ **这个人**胆子**特别**小**，不会做危险的事情。**
> Zhège rén dǎnzi tèbié xiǎo, bú huì zuò wēixiǎn de shìqing.
> 이 사람은 굉장히 소심해서 위험한 일은 하지 않을 거야.

> ✅ **我觉得自己**胆子**越来越**小**了。**
> Wǒ juéde zìjǐ dǎnzi yuè lái yuè xiǎo le.
> 내 자신이 점점 소심해 지는 것 같아.

❷ 소심한 겁쟁이

> ✅ **他是一个**胆小鬼*。
> Tā shì yí ge dǎnxiǎoguǐ.
> 그는 겁쟁이야.

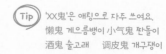

Tip 'XX鬼'은 애칭으로 자주 쓰여요.
懒鬼 게으름뱅이   小气鬼 짠돌이
酒鬼 술고래   调皮鬼 개구쟁이

小心의 올바른 사용법

▷ 매사에 <u>조심하다</u>, <u>주의하다</u>

你开车的时候，一定要小心。
Nǐ kāichē de shíhou, yídìng yào xiǎoxīn.
운전할 때 조심해.

天气变冷了，小心感冒。
Tiānqì biàn lěng le, xiǎoxīn gǎnmào.
날씨가 추워졌어. 감기 조심해.

Plus⊕ **'小心眼'은 무슨 뜻일까요?**

小心眼은 '작다'의 뜻을 가진 小와 '식견과 안목'이란 뜻의 心眼이 결합된 단어로, 직역하면 '식견과 안목이 작다', 즉 비유적인 표현으로 사람의 성격이나 성품이 '소심하다', '옹졸하다' 란 의미로 쓰여요.

⊕ **你别小心眼了。**
Nǐ bié xiǎoxīnyǎn le.
속 좁게 굴지 마.

⊕ **你还生我的气吗? 太小心眼了。**
Nǐ hái shēng wǒ de qì ma? Tài xiǎoxīnyǎn le.
아직도 나한테 화났어? 너무 속 좁다.

 胆子 dǎnzi 명 담력 • **鬼** guǐ 명 귀신, 도깨비 • **懒鬼** lǎnguǐ 명 게으름뱅이, 농땡이 • **小气鬼** xiǎoqìguǐ 명 짠돌이, 깍쟁이 • **酒鬼** jiǔguǐ 명 술고래 • **调皮鬼** tiáopíguǐ 명 개구쟁이

세계가 좁다고 말할 땐 世界보단 圈子

'세계가 좁다'라고 표현할 때 世界보단 실제 원어민은 圈子를 더 많이 사용해요. 圈子는 '원(서클)'이라는 의미로 집단적 범위를 지닌 특정 사회나 영역을 말하며 世界는 인류 사회 전체를 말해요. 이제는 '한국식 중국어' 말고 '중국식 중국어'로 정확히 표현해 보세요!

圈子 살펴보기

❶ 소속된 **단체**나 **집단**, 활동하는 **분야**

✓ 这个圈子太小了。
Zhège quānzi tài xiǎo le.
이 쪽 세계는 너무 좁아.

✓ 他不像我们圈子*里的人。
Tā bú xiàng wǒmen quānzi lǐ de rén.
그는 우리 업계 사람이 아닌 것 같아.

> **Tip** 圈子의 다양한 표현
> 娱乐圈 연예계, 保险圈 보험업계
> 金融圈 금융업계, 医疗圈 의료업계

❷ 일정하게 한정된 **범위**, **영역**

✓ 我觉得我的生活圈子太小了。
Wǒ juéde wǒ de shēnghuó quānzi tài xiǎo le.
내 생활 반경이 너무 좁은 것 같아.

我怎么扩大交际圈子啊?

Wǒ zěnme kuòdà jiāojì quānzi a?

어떻게 인맥을 넓히지?

📢 世界의 올바른 사용법

▷ 지구 상의 모든 나라 세계

他获得了世界乒乓球比赛冠军。

Tā huòdéle shìjiè pīngpāngqiú bǐsài guànjūn.

그는 세계 탁구 대회에서 일등을 했다.

我们的愿望是世界和平。

Wǒmen de yuànwàng shì shìjiè hépíng.

우리의 소원은 세계평화이다.

Plus⊕ '朋友圈'은 무슨 뜻일까요?

중국의 대표적인 메신저 어플인 '위챗(Wechat)'의 한 기능으로 '모멘트(Moment)'라고도 불려요. 한국의 '카카오 스토리'와 비슷한 플랫폼으로 사진과 게시글을 올려 친구들과 일상을 공유할 수 있어요.

⊕ 我爱发朋友圈。

Wǒ ài fā péngyouquān.

난 모멘트 올리는 거 좋아해.

⊕ 人们喜欢在朋友圈晒旅游照片*。

Rénmen xǐhuan zài péngyouquān shài lǚyóu zhàopiàn.

사람들은 모멘트에 여행 사진 자랑하는 걸 좋아한다.

Tip 晒照片은 '자랑삼아 사진을 올리다'라는 뉘앙스를 담고 있어요.

 단어 扩大 kuòdà 동 확대하다 • 冠军 guànjūn 명 우승 • 晒照片 shài zhàopiàn (SNS 등에) 사진을 공유하다

물건을 놓고 왔을 땐 放보단 落

'물건을 놓고 왔다'고 말할 땐 放보다는 落를 더 많이 사용해요. '떨어지다', '하락하다'란 의미로 익숙한 落는 '빠트리다'라는 의미도 있거든요. 그래서 落를 쓰면 '물건을 어떤 곳에 놓아 둔 채 오다'는 뉘앙스를 풍겨요. '빠트리다'는 표현에 放은 거의 쓰이지 않으니 주의하세요!

落 살펴보기

◆ 부주의하게 **두고 오다**, **빠트리다**

☑ 我把我的手机落在你那儿了。
Wǒ bǎ wǒ de shǒujī là zài nǐ nàr le.
내 핸드폰을 네가 있는 곳에 두고 왔어.

☑ 早上我赶时间，把钱包落在家里了。
Zǎoshang wǒ gǎn shíjiān, bǎ qiánbāo là zài jiā lǐ le.
아침에 서두르다가 지갑을 집에 두고 왔어.

☑ A 你知道我的帽子在哪儿吗？
Nǐ zhīdào wǒ de màozi zài nǎr ma?
너 내 모자 어디 있는지 알아?

B 我忘了告诉你，你把它落在我车上了。
Wǒ wàngle gàosu nǐ, nǐ bǎ tā là zài wǒ chē shàng le.
얘기하는 걸 깜빡했는데. 그거 내 차에 두고 갔어.

❷ 원래 있어야 할 것에서 **빠지다, 누락되다**

✅ 你在这里落了一个字。
Nǐ zài zhèlǐ làle yí ge zì.
여기에 글자 하나가 빠졌어.

✅ 我作业一次都没有落过。
Wǒ zuòyè yícì dōu méiyǒu làguò.
난 숙제를 한 번도 빠트린 적 없어.

🖎 **放의 올바른 사용법**

▷ 어떤 물건을 **놓다, 넣다**

你把书包放在这儿吧。
Nǐ bǎ shūbāo fàng zài zhèr ba.
책가방은 여기에 둬.

来一个煎饼，少放香菜。
Lái yí ge jiānbing, shǎo fàng xiāngcài.
젠빙 하나 주시고 고수는 조금만 넣어 주세요.

Plus⁺ **'丢三落四'는 무슨 뜻일까요?**

성어 丢三落四는 직역하면 '세 개를 잃어버리고 네 개를 떨어뜨리다', 즉 '이것저것 잘 잃어버리다'란 의미로 건망증이 심하거나 덜렁대는 습관이 있는 사람이나 행동을 빗대어 표현해요.

➕ 我的孩子总是丢三落四。
Wǒ de háizi zǒngshì diū sān là sì.
우리 애는 항상 덜렁대.

 赶时间 gǎn shíjiān 서두르다 • **耳机** ěrjī 몡 이어폰 • **改掉** gǎidiào 통 고쳐 버리다

직접 이야기할 땐 直接보단 亲口

'직접 이야기한다'고 말할 때 가장 먼저 떠오르는 단어는 直接이지만 실제론 亲口가 더 자주 쓰여요. 亲口는 '친히', '스스로'라는 의미로 입으로 하는 행동을 '직접 하다'는 뉘앙스를 가지고 있고 直接는 '직접'이라는 의미보다 '곧', '바로'라는 의미로 쓰인다는 점 기억해 두세요.

亲口 살펴보기

◆ 본인 입으로 **직접**, **친히**

☑ 这些话都是他亲口跟我说的。
Zhè xiē huà dōu shì tā qīnkǒu gēn wǒ shuō de.
이건 걔가 나한테 직접 말 한 거야.

☑ 刚才兰兰亲口对我说 "我有男朋友了"。
Gāngcái Lánlan qīnkǒu duì wǒ shuō "Wǒ yǒu nán péngyou le".
방금 란란이가 나한테 "남자친구 생겼어."라고 직접 얘기했어.

☑ 请你亲口尝一尝。
Qǐng nǐ qīnkǒu cháng yi cháng.
본인이 직접 맛보세요.

☑ 他亲口承认自己做错了。
Tā qīnkǒu chéngrèn zìjǐ zuòcuò le.
그가 자기 스스로 잘못을 인정했어.

▷ 지체 없이 <u>바로</u>, 곧

要是你有什么事，就直接说吧。
Yàoshi nǐ yǒu shénme shì, jiù zhíjiē shuō ba.
무슨 일이 있으면 바로 얘기해.

今天我下班后，想直接回家。
Jīntiān wǒ xiàbān hòu, xiǎng zhíjiē huí jiā.
오늘 퇴근 후 바로 집에 가고 싶어.

Plus➕ 그 밖의 '亲' 표현

亲은 '직접', '자기 스스로'라는 의미로 신체 부위를 나타내는 耳, 手, 眼 등의 단어와 자주 쓰여요. 亲耳은 '제 귀로 직접'이란 의미로, 亲手는 '제 손으로 직접'이란 의미로, 亲眼은 '제 눈으로 직접'이란 의미로 사용해요.

➕ **我亲耳听到这个消息。**
Wǒ qīněr tīngdào zhège xiāoxi.
이 소식은 내가 직접 들은 거야.

➕ **这是我亲手为你做的拌饭。**
Zhè shì wǒ qīnshǒu wèi nǐ zuò de bànfàn.
이건 내가 너에게 주려고 직접 만든 비빔밥이야.

➕ **要不是我亲眼看见，我不会相信的。**
Yàobúshì wǒ qīnyǎn kànjiàn, wǒ bú huì xiāngxìn de.
직접 보지 않으면, 난 안 믿어.

 承认 chéngrèn 동 인정하다 · **拌饭** bànfàn 명 비빔밥 · **要不是** yàobùshì 접
～아니라면

오해를 풀고 싶을 땐 说明보단 解释

서로 간의 오해를 풀기 위해 '설명'하고자 할 때 说明이 먼저 떠오르지만 사실 원어민은 解释를 훨씬 더 많이 사용해요. 모두 '설명하다'란 의미로 쓰이지만 약간의 차이가 있어요. 说明은 '잘 알 수 있도록 말하다'는 뉘앙스를 가지고 있고 解释는 '걱정, 의심, 오해 등을 없애다'는 뉘앙스를 가지고 있으므로 解释를 쓰는 것이 더 정확한 표현이에요. 또 [跟/对/给+대상+解释]의 패턴으로 주로 쓰여요.

🎬 解释 살펴보기

① 오해없이 **설명하다**, **해명하다**

☑ **我想跟他**解释**一下。**
Wǒ xiǎng gēn tā jiěshì yíxià.
그 사람한테 해명하고 싶어.

☑ **如果我有机会的话，想跟他**解释**清楚。**
Rúguǒ wǒ yǒu jīhuì dehuà, xiǎng gēn tā jiěshì qīngchu.
기회가 된다면, 그 사람한테 확실하게 해명하고 싶어.

☑ A **这到底是怎么回事?**
Zhè dàodǐ shì zěnme huí shì?
이게 도대체 어떻게 된 일이야?

B **别着急，我来**解释解释**。**
Bié zháojí, wǒ lái jiěshì jiěshì.
진정해, 내가 설명할게.

② 내용을 이해하고 **설명하다**, 해석하다

✔ 你能不能帮我解释一下这句话是什么意思?

Nǐ néng bu néng bāng wǒ jiěshì yíxià zhè jù huà shì shénme yìsi?

이 말이 무슨 뜻인지 해석 좀 해 줄래?

说明의 올바른 사용법

▷ 문제, 원인, 이유를 설명하다, 증명하다

老师，你能不能举个例子说明一下?

Lǎoshī, nǐ néng bu néng jǔ ge lìzi shuōmíng yíxià?

선생님, 예를 들어 설명해 주실 수 있나요?

他能考上大学，说明他平时非常努力地学习。

Tā néng kǎoshàng dàxué, shuōmíng tā píngshí fēicháng nǔlì de xuéxí.

대학에 합격한다는 건 그가 평소에 열심히 공부했다는 걸 증명한다.

 误会 wùhuì 동 오해하다 • 考上 kǎoshàng 동 (시험에) 합격하다

감정이 격해질 땐 兴奋보단 激动

잔뜩 화가 난 친구에게 "흥분 좀 가라앉혀!"라고 말할 때 兴奋보단 激动이 더 자주 쓰여요. 激动은 '감정이 격하게 움직인다'라는 의미로 감정이 좋거나 나쁠 때 모두 쓸 수 있고 兴奋은 주로 기분이 좋아서 감정이 격양될 때 쓸 수 있어요.

激动 살펴보기

◆ (감정이) 어떤 자극을 받아 **흥분하다**, 마음 속 깊이 **감동하다**, **감격하다**

♡ **我第一次去演唱会，太激动了！**
Wǒ dì yícì qù yǎnchànghuì, tài jīdòng le!
나 콘서트에 처음 가는데, 너무 설렌다!

♡ **韩国队赢了，我激动得流下了眼泪。**
Hánguóduì yíng le, wǒ jīdòng de liúxiàle yǎnlèi.
한국 팀이 이기니까, 감정이 북받쳐 눈물 나.

♡ A **妈, 你先别激动！冷静一下。**
Mā, nǐ xiān bié jīdòng! Lěngjìng yíxià.
(화가 난 엄마에게) 엄마 흥분하지 마세요! 좀 진정하세요.

B **我能不生气吗？**
Wǒ néng bù shēngqì ma?
내가 화가 안 나게 생겼니?

兴奋의 올바른 사용법

▷ (기분이 좋아) 감정이 흥분하다, 감격하다

➕ 明天我跟闺蜜一起去旅游，好兴奋!
Míngtiān wǒ gēn guīmì yìqǐ qù lǚyóu, hǎo xīngfèn!
내일 베프랑 여행 가는데 너무 흥분돼!

➕ 圣诞节快要到了，孩子们越来越兴奋。
Shèngdàn jié kuàiyào dào le, háizimen yuè lái yuè xīngfèn.
크리스마스가 다가오니까 아이들이 점점 흥분한다.

➕ A 你怎么这么兴奋？有好事吗？
Nǐ zěnme zhème xīngfèn? Yǒu hǎoshì ma?
너 왜 이렇게 신났어? 좋은 일 있어?

B 我终于获得奖学金了!
Wǒ zhōngyú huòdé jiǎngxuéjīn le!
나 드디어 장학금 받았어!

 演唱会 yǎnchànghuì 몡 콘서트 • 流 liú 동 흐르다 • 眼泪 yǎnlèi 몡 눈물 • 闺蜜 guīmì 몡 베프 • 奖学金 jiǎngxuéjīn 몡 장학금

선배는 先辈보단 学哥 혹은 学姐

'선배'라고 말할 때 先辈가 가장 먼저 떠오르시죠? 중국어로 先辈는 '이미 타계한 존경받을 만한 사람'이라는 의미예요. 그렇다면 '선배'를 중국어로 어떻게 표현할까요? 중국 드라마를 보면 여러 단어로 말하는 것을 볼 수 있는데요. 성별에 따라 달라지는 '선배'라는 표현을 잘 기억해 두세요!

선후배 표현 살펴보기

- 여자 선배 学姐 xuéjiě, 师姐 shījiě
- 남자 선배 学哥 xuégē, 师哥 shīgē
- 여자 후배 学妹 xuémèi, 师妹 shīmèi
- 남자 후배 学弟 xuédì, 师弟 shīdì

> ✔ 欢迎各位学弟学妹们！
> Huānyíng gèwèi xuédì xuémèimen!
> 후배 여러분 환영합니다.

> ✔ 我们要向师哥师姐们学习。
> Wǒmen yào xiàng shīgē shījiěmen xuéxí.
> 우리는 선배들을 롤 모델로 삼아 배워야 한다.

> ✔ 我叫张兰，是大一中文系的师妹。
> Wǒ jiào Zhāng Lán, shì dà yī zhōngwén xì de shīmèi.
> 제 이름은 장란이고, 중문과 1학년 후배입니다.

▷ 어떤 일이나 사상에서 앞선 선구자

我们不要忘记爱国的先辈。
Wǒmen búyào wàngjì àiguó de xiānbèi.
애국 선열을 잊지 맙시다.

我们要继承先辈的革命精神。
Wǒmen yào jìchéng xiānbèi de gémìng jīngshén.
우리는 선조들의 혁명 정신을 계승해야 한다.

Plus⊕ 그 밖의 '선후배' 표현

직장 내 '선배'를 부를 때는 [성(姓)+哥/姐], '후배'를 부를 때는 [小+성(姓)/이름]으로 말해요.

⊕ **明哥，你可以帮我的忙吗?**
Míng gē, nǐ kěyǐ bāng wǒ de máng ma?
명 선배, 저 좀 도와줄 수 있어요?

⊕ **小李，要是你有什么问题，就随时问我吧。**
Xiǎo lǐ, yàoshi nǐ yǒu shénme wèntí, jiù suíshí wèn wǒ ba.
샤오리, 문제가 생기면 언제든지 물어봐.

 继承 jìchéng 동 계승하다 • **革命** gémìng 형 혁명적이다 • **随时** suíshí 부 수시로

프레젠테이션은 发表보단 介绍

과제를 발표하거나 회사에서 브리핑할 때 发表보단 介绍, 演示, 汇报 등을 훨씬 더 많이 사용해요. 发表는 '발표하다'라는 의미로 위의 세 단어 보다 무게감이 있고 자기 생각이나 주장을 알리거나 서적이나 매체에 글을 게재할 때 주로 사용해요. 그러므로 모르는 사실이나 내용을 잘 알도록 설명할 때는 介绍, 演示, 汇报 등을 주로 사용해요.

介绍，演示，汇报 살펴보기

❶ 정보나 지식을 **소개하다**, **전달하다**

> ❤ 我向大家介绍一下中国的节日文化。
> Wǒ xiàng dàjiā jièshào yíxià Zhōngguó de jiérì wénhuà.
> 여러분들에게 '중국 명절 문화'를 소개해 드리겠습니다.

❷ 시청각 자료를 활용하여 **발표하다**

> ❤ 我简单地演示一下产品的用法。
> Wǒ jiǎndān de yǎnshì yíxià chǎnpǐn de yòngfǎ.
> 제품 사용법에 대해 간단하게 설명하겠습니다.

❸ 업무를 **보고하다**, **발표하다**

> ❤ 今天我向大家汇报一下事业计划。
> Jīntiān wǒ xiàng dàjiā huìbào yíxià shìyè jìhuà.
> 오늘 사업 계획에 대해 발표하겠습니다.

发表의 올바른 사용법

▷ 논문, 글, 논평 등을 <u>게재하다</u>

他在杂志上发表了10篇论文。
Tā zài zázhì shàng fābiǎole shí piān lùnwén.
그는 잡지에 논문 10편을 게재했다.

▷ 연설, 의견, 생각 등을 <u>발표하다</u>

总书记在大会上发表了讲话。
Zǒngshūjì zài dàhuì shàng fābiǎole jiǎnghuà.
총서기는 대회에서 담화문을 발표했다.

Plus⊕ 'pre'는 무슨 뜻일까요?

인터넷 용어인 'pre'는 presention의 준말로 시청각 자료를 활용하여 구체적으로 발표하는 활동을 말해요.

⊕ **下午我有三个pre。**
Xiàwǔ wǒ yǒu sān ge pre.
나 오후에 발표가 세 개 있어.

⊕ **昨天我做了两个pre。**
Zuótiān wǒ zuòle liǎng ge pre.
어제 나 발표 자료를 두 개 만들었어.

 演示 yǎnshì 통 (모형·도표 따위로) 설명하다 • **汇报** huìbào 통 (상급자 또는 대중에게 자료를) 보고하다 • **论文** lùnwén 명 논문 • **总书记** zǒngshūjì 명 총서기 • **讲话** jiǎnghuà 명 담화

공평하다고 할 땐 公平보단 扯平

"지난번에 네가 한턱 냈으니, 이번엔 내가 낼게! 그럼 공평하지?" 이때 '공평'이라는 단어를 생각하면 公平이 가장 먼저 떠오르죠? 사실 원어민은 扯平을 더 많이 사용해요. 扯平은 '서로 손해 보는 일 없이 공평하다'라는 의미이고, 公平은 대우를 받거나 경쟁할 때 '한쪽에 치우지 않고 공평하다'라는 의미예요.

扯平 살펴보기

◆ 서로의 이해득실을 따져 **공평하다, 비기다**

以前你帮过我的忙，这回我帮你，我们扯平了。
Yǐqián nǐ bāngguo wǒ de máng, zhè huí wǒ bāng nǐ, wǒmen chěpíng le.
예전에 네가 도와준 적이 있으니 이번에 내가 도와주면 서로 공평한 거야.

昨天你请客，今天我来请客，这样我们就扯平了。
Zuótiān nǐ qǐngkè, jīntiān wǒ lái qǐngkè, zhèyàng wǒmen jiù chěpíng le.
어제는 네가 한턱 냈고 오늘은 내가 한턱 내니까, 이렇게 하면 우리 공평한 거야.

上次我被你放鸽子了，这次你被我放鸽子，我们算是扯平了。
Shàngcì wǒ bèi nǐ fàng gēzi le, zhècì nǐ bèi wǒ fàng gēzi, wǒmen suànshì chěpíng le.
지난번엔 내가 바람맞았고, 오늘은 네가 바람 맞았으니까 서로 비긴 걸로 치자.

A 谢谢你这次借我钱。

Xièxie nǐ zhècì jiè wǒ qián.

이번에 돈 빌려줘서 고마워.

B 不用谢我，上次你也借给我了，我们扯平了。

Búyòng xiè wǒ, shàngcì nǐ yě jiè gěi wǒ le, wǒmen chěpíng le.

천만에, 지난번에 네가 빌려줬잖아. 우리 빚진 거 없는 거야.

公平의 올바른 사용법

▷ 한쪽으로 기울어지지 않고 <u>공평하다</u>, <u>공정하다</u>

他受到了不公平的待遇。

Tā shòudàole bù gōngpíng de dàiyù.

그는 불공평한 대우를 받았다.

在比赛中，咱们一定要公平竞争。

Zài bǐsài zhōng, zánmen yídìng yào gōngpíng jìngzhēng.

시합 때는 반드시 공정하게 경쟁해야 한다.

 放鸽子 fàng gēzi 바람을 맞히다 • 算是 suànshì 동 ~인 셈이다, ~으로 치다 • 待遇 dàiyù 명 대우 • 竞争 jìngzhēng 동 경쟁하다

Unit ⑪

마음을 표현할 때는 表现보단 表达

'마음을 표현하다'고 말할 때 表现으로 혼동하기 쉬운데 실제 원어민은 表达를 더 많이 사용해요. 表现는 '태도나 행실'을 표현할 때 사용하고 表达는 '생각이나 감정'을 표현할 때 사용해요. 그러므로 表达로 말하는 것이 더 정확한 표현이에요. 주로 [向+대상+表达+感情/心意]의 패턴으로 쓰여요.

🎬 表达 살펴보기

◆ (말이나 문자를 통해) 생각이나 감정을 **표현하다**, **드러내다**

> ✅ 你的汉语口语表达能力很强。
> Nǐ de Hànyǔ kǒuyǔ biǎodá nénglì hěn qiáng.
> 네 중국어 표현 능력은 매우 뛰어나.

> ✅ 每个人都有不同的表达方式。
> Měige rén dōu yǒu bùtóng de biǎodá fāngshì.
> 모든 사람은 각기 다른 표현 방식을 가지고 있다.

> ✅ A 你在给丽丽写信吗?
> Nǐ zài gěi Lìli xiěxìn ma?
> 너 리리한테 편지 쓰고 있어?

> B 对，我想通过写信表达我对她的爱。
> Duì, wǒ xiǎng tōngguò xiěxìn biǎodá wǒ duì tā de ài.
> 응, 편지로 그녀에 대한 사랑을 표현하고 싶어.

表现의 올바른 사용법

▷ 어떤 일이나 상황을 대하는 <u>태도</u>, <u>행실</u>, 태도나 행동을 <u>보이다</u>, <u>나타내다</u>

➕ **新员工的表现非常好。**
Xīn yuángōng de biǎoxiàn fēicháng hǎo.
신입 사원의 태도는 매우 좋다.

➕ **你觉得今天表现最棒的选手是谁？**
Nǐ juéde jīntiān biǎoxiàn zuì bàng de xuǎnshǒu shì shéi?
오늘 가장 멋진 경기를 펼친 선수는 누구라고 생각해?

➕ A **兰兰在学校里表现得怎么样？**
Lánlan zài xuéxiào lǐ biǎoxiàn de zěnmeyàng?
란란이는 학교에서 태도가 어때?

B **她在我们班里表现*最好。**
Tā zài wǒmen bān lǐ biǎoxiàn zuì hǎo.
그녀는 우리반에서 태도가 제일 좋아.

 态度가 매너와 예의에 초점을 맞춘 단어라면 表现은 예의를 포함한 능력과 자질이 보여지는 태도라고 할 수 있어요.

Plus⊕ **"那就看你的表现了!"는 무슨 뜻일까요?**

"那就看你的表现了!"은 "네가 앞으로 어떻게 하느냐에 달렸어!"라는 뜻으로 이때 看은 '(어떤 일이나 상태 따위가) 무엇에 달려 있다'는 의미로 쓰였어요.

➕ A **你能不能原谅我？**
Nǐ néng bu néng yuánliàng wǒ?
나 용서해 줄 수 있어?

B **那就看你的表现了！**
Nà jiù kàn nǐ de biǎoxiàn le!
네 행동에 달렸어.

♣ 같이 보면 좋아요! Chapter 2 · Unit 3

 通过 tōngguò 동 ～을(를) 통하다, ～에 의하다 • **选手** xuǎnshǒu 명 선수 • **看** kàn
동 ～에 달려있다

학원은 学院보단 补习班

한국인이 가장 많이 틀리는 표현 중 하나가 바로 '학원'인데요. 아직도 학원을 学院으로 알고 계시나요? 중국에서 学院은 '단과 대학', '전문 대학'을 의미해요. 그렇다면 중국어로 '학원'을 어떻게 표현할까요? '보충 학습을 하는 반'이라는 의미의 补习班으로 표현해요. 한국식 표현과 헷갈리지 마세요!

📋 补习班 살펴보기

◆ 성적 향상을 주목적으로 가르치는 **학원**, (보충) **학습반**

💬 **今天我去报补习班。**
Jīntiān wǒ qù bào bǔxíbān.
오늘 나 학원 등록하러 가.

💬 **我们在同一个补习班。**
Wǒmen zài tóng yí ge bǔxíbān.
우리는 같은 학원에 다녀.

💬 A **你放学后，有时间吗？**
Nǐ fàngxué hòu, yǒu shíjiān ma?
너 수업 끝나고 시간 있어?

B **没有啊。我放学后，直接去补习班。**
Méiyǒu a. Wǒ fàngxué hòu, zhíjiē qù bǔxíbān.
아니, 나 수업 끝나고 바로 학원에 가.

学院의 올바른 사용법

▷ 특정 계통의 학부로만 구성된 <u>단과 대학</u>, <u>전문 대학</u>

北京经济管理学院召开春季开学典礼。
Běijīng jīngjì guǎnlǐ xuéyuàn zhàokāi chūnjì kāixué diǎnlǐ.
베이징 경영대학에서 봄 개학식을 개최한다.

首尔大学开了艺术学院。
Shǒu'ěr dàxué kāile yìshù xuéyuàn.
서울대학은 예술(단과)대학을 개설했다.

Plus⊕ 그 밖의 '학원' 표현

'학원'은 다양한 단어로 표현할 수 있는데, 보통 뒤에 '반', '단체'를 뜻하는 班을 붙여 표현해요. 辅导班는 '1:1' 혹은 '1:다수' 형태의 교육 과정이나 학원을 말하고 培训班은 '전문 기술 및 지식'을 가르치는 학원을 말해요.

⊕ **我周一、周三去数学辅导班。**
Wǒ zhōu yī, zhōu sān qù shùxué fǔdǎobān.
난 월요일, 수요일에 수학 학원 가.

⊕ **每个周末我去上音乐培训班。**
Měige zhōumò wǒ qù shàng yīnyuè péixùnbān.
주말마다 음악 학원에 가.

 报 bào 图 등록하다 • 放学 fàngxué 图 하교하다 • 经济管理 jīngjì guǎnlǐ 图 경영관리 • 召开 zhàokāi 图 열다 • 春季 chūnjì 图 춘계 • 典礼 diǎnlǐ 图 의식

Unit 13

바빠서 정신이 없을 땐 精神보단 忙得

너무 바빠 "정신이 없어!"라고 말할 때 가장 먼저 떠오르는 표현은 精神이지만 실제 원어민은 忙得를 훨씬 많이 사용해요. 중국에서 精神은 '생기발랄하다'는 의미로 사용되고 忙得는 '바빠서 정신이 없다'는 의미로 주로 [忙得+동작/상태의 정도]의 패턴으로 쓰여요. 그러므로 '바빠서 정신이 없다'는 표현에 精神은 거의 쓰지 않으니 주의하세요.

忙得 살펴보기

◆ 정신없이 **바쁘게 ~하다**

✓ 我忙得没时间吃饭。
Wǒ máng de méi shíjiān chī fàn.
나 밥 먹을 시간도 없이 바빠.

- -

✓ 我忙得连回微信的时间都没有。
Wǒ máng de lián huí wēixìn de shíjiān dōu méiyǒu.
나 윗챗 답장 보낼 시간도 없이 바빠.

- -

✓ A 今天你来同学聚会吧?
Jīntiān nǐ lái tóngxué jùhuì ba?
너 오늘 동창회에 오는 거지?

B 恐怕不行，我忙得连喘气的时间都没有了。
Kǒngpà bùxíng, wǒ máng de lián chuǎnqì de shíjiān dōu méiyǒu le.
아마도 못 갈 것 같아, 나 요즘 숨 쉴 틈도 없이 바쁘거든.

▷ 생물이 살아 움직이는 활력, 기운, 기운차게 생기발랄하다, 활기차다 / 잘 생긴

你哪里不舒服？一点儿精神都没有。
Nǐ nǎlǐ bù shūfu? Yìdiǎnr jīngshen dōu méiyǒu.
너 어디 아파? 기운이 하나도 없네.

你穿上新衣服，看起来挺精神的。
Nǐ chuān shàng xīn yīfu, kàn qǐlái tǐng jīngshen de.
너 새 옷을 입으니까 생기발랄해 보여.

你的男朋友长得很精神。
Nǐ de nán péngyou zhǎng de hěn jīngshen.
네 남자친구 잘생겼다.

Plus⊕ 그밖의 '바쁘다' 표현

不可开交는 '그만두거나 벗어날 수 없다'는 뜻으로 得 뒤의 보어로 쓰여 '그 정도가 심함'을 나타내요. 또 像陀螺一样은 직역하면 '팽이와 같다'는 뜻으로 바쁜 모습이 마치 '계속 돌아 가는 팽이와 같다'는 비유적인 표현이에요.

⊕ **我忙得不可开交。**
Wǒ máng de bùkě kāijiāo.
나 눈코 뜰 새 없이 바빠.

⊕ **我每天都忙得像陀螺一样。**
Wǒ měitiān dōu máng de xiàng tuóluó yíyàng.
난 매일 돌아가는 팽이처럼 바빠.

喘气 chuǎnqì 동 숨을 쉬다 • 不可开交 bù kě kāi jiāo 성 벗어날 수 없다 • 陀螺 tuóluó 명 팽이

영업이 끝났다고 말할 땐 关门보단 打烊

늦은 시간 식당에 방문했을 때 "영업시간 끝났어요"라는 말을 들어 보신 적 있죠?
이때 영업이 끝났다는 표현으로 关门보단 打烊를 더 자주 사용해요. 모두 '영업이 끝
나다'는 의미이지만 关门은 '폐업하다'의 뜻도 내포하고 있기 때문에 당일 '영업이 끝
나다'고 말할 땐 打烊으로 표현해요.

打烊 살펴보기

◆ 당일 영업 마감으로 <u>가게 문을 닫다</u>, <u>영업을 마치다</u>

> ✅ 我们要打烊了。
> Wǒmen yào dǎyàng le.
> 저희 곧 영업 끝납니다.

> ✅ 这家书店24小时不打烊。
> Zhèjiā shūdiàn èrshísì xiǎoshí bù dǎyàng.
> 이 서점은 24시간 영업한다.

> ✅ A 你们打样了吗?
> Nǐmen dǎyàng le ma?
> 영업 끝났나요?
>
> B 不好意思，我们已经打烊了，明天再来吧。
> Bù hǎoyìsi, wǒmen yǐjīng dǎyàng le, míngtiān zài lái ba.
> 죄송한데, 영업 끝났어요. 내일 다시 오세요.

▷ 영업을 하지 않고 <u>문을 닫다</u>, 폐업하다

博物馆上午九点开门，下午五点关门。
Bówùguǎn shàngwǔ jiǔ diǎn kāimén, xiàwǔ wǔ diǎn guānmén.
박물관은 오전 9시에 열어 오후 5시에 닫는다.

上海的大型商场出现了'关门潮'。
Shànghǎi de dàxíng shāngchǎng chūxiànle guānmén cháo.
상하이 대형 쇼핑몰에서 셧다운 현상이 일어났다.

Plus⊕ '营业'는 무슨 뜻일까요?

营业는 '영업하다'는 의미로 영리를 목적으로 하는 행위를 말해요.

⊕ 你们几点开始营业呢?
Nǐmen jǐ diǎn kāishǐ yíngyè ne?
몇 시에 영업 시작하세요?

⊕ 请问，春节期间正常营业吗?
Qǐngwèn, chūnjié qíjiān zhèngcháng yíngyè ma?
춘절에 정상 영업 하시나요?

단어 博物馆 bówùguǎn 명 박물관 · 大型商场 dàxíng shāngchǎng 명 대형 쇼핑
몰 · 出现 chūxiàn 동 출현하다 · 关门潮 guānmén cháo 명 시스템 다운 현상

Unit 15

인정받고 싶을 땐 认定보단 认可

모두에게 '인정받고 싶다'고 말할 때 认定보단 认可가 더 자주 쓰여요. 认定는 '굳게 믿다' 혹은 '확정하다'라는 의미이고 认可는 확실히 그렇다고 '인정하다'라는 의미예요. 그러므로 '어떤 능력이나 실력 등을 인정하다'라고 말할 땐 认可를 쓰는 것이 더 정확한 표현이에요. 이때 认可는 동사 得到와 자주 쓰여요.

认可 살펴보기

◆ 실력, 태도, 제품, 가치 등을 인정하다, 허가하다

> ✅ 他的能力得到了同事们的认可。
> Tā de nénglì dédàole tóngshìmen de rènkě.
> 그의 능력은 동료들에게 인정을 받았다.

> ✅ 没必要得到所有人的认可。
> Méi bìyào dédào suǒyǒu rén de rènkě.
> 모든 사람에게 인정을 받을 필요는 없다.

> ✅ A 你这么努力工作，总有一天大家会认可你！继续加油！
> Nǐ zhème nǔlì gōngzuò, zǒng yǒu yìtiān dàjiā huì rènkě nǐ! Jìxù jiāyóu!
> 이렇게 열심히 일하는데 언젠가는 모두 널 인정할 거야. 계속 파이팅 하자!
>
> B 谢谢你对我的支持。
> Xièxie nǐ duì wǒ de zhīchí.
> 응원해줘서 고마워.

▷ 확실히 그렇다고 굳게 믿다, 확신하다, 일을 확신하다

我认定他会给我带来什么消息。
Wǒ rèndìng tā huì gěi wǒ dàilái shénme xiāoxi.
나는 그가 어떤 소식을 가지고 올 거라고 믿는다.

只要你认定目标, 就一定可以实现。
Zhǐyào nǐ rèndìng mùbiāo, jiù yídìng kěyǐ shíxiàn.
목표를 확실히 정한다면 반드시 이룰 수 있다.

Plus⊕ 중국어로 "난 널 인정해!"는?

肯定은 '긍정하다'는 의미로 옳다고 인정할 때 사용하고, 看好은 '좋게 보다', '높이 평가하다' 는 의미로 사물이나 사람이 잘 될 가능성이 있다는 의미로 사용해요.

⊕ **我肯定你!**
Wǒ kěndìng nǐ!
난 널 인정해!

⊕ **我看好你!**
Wǒ kànhǎo nǐ!
난 널 믿어!

继续 jìxù [동] 계속하다 • 支持 zhīchí [동] 지지하다 • 消息 xiāoxi [명] 소식 • 目标 mùbiāo [명] 목표 • 实现 shíxiàn [동] 실현하다

본론부터 이야기할 땐 本论보단 开门见山

"거두절미하고 '본론'부터 말할게요."는 한국인들의 단골 표현이죠! 이때 한국 한자 그대로 本论이라고 말하면 될까요? 아니요! 원어민은 빙빙 돌려 말하지 않고 '본론부터 얘기한다'고 말할 때 开门见山으로 표현해요. 직역하면 '문을 여니 산이 보인다'는 뜻으로, 의역하면 '거두절미하고 본론부터 말하다'라는 의미예요.

🎬 开门见山 살펴보기

◆ 단도직입적으로 **본론에 들어가다**

✅ **我就开门见山了。**
Wǒ jiù kāimén jiànshān le.
본론부터 얘기할게.

✅ **别绕弯子了，要是你有什么意见，就开门见山地说。**
Bié rào wānzi le, yàoshi nǐ yǒu shénme yìjiàn, jiù kāimén jiànshān de shuō.
돌려 말하지 말고, 의견이 있으면 단도직입적으로 얘기해.

✅ A **你找我有什么事?**
Nǐ zhǎo wǒ yǒu shénme shì?
무슨 일로 날 찾아 온 거야?

B **我就开门见山了，你认识王先生吗?**
Wǒ jiù kāimén jiànshān le, nǐ rènshi Wáng xiānsheng ma?
본론부터 말할게. 너 왕 선생님 알아?

▷ 논문의 주요 부분의 <u>본론</u>

一篇论文包括绪论、本论、结论三部分。
Yì piān lùnwén bāokuò xùlùn, běnlùn, jiélùn sān bùfen.
논문은 서론, 본론, 결론 세 부분을 포함한다.

本论是论文的核心部分。
Běnlùn shì lùnwén de héxīn bùfen.
본론은 논문의 핵심부분이다.

Plus⊕ '吞吞吐吐'는 무슨 뜻일까요?

吞吞吐吐는 '삼키다'란 뜻의 吞과 '내뱉다'란 吐가 결합된 단어로 '말을 삼켰다 내뱉다', 즉 '얼버무리다', '우물쭈물하다'라는 의미로 말이나 글을 빙빙 돌려 얼버무릴 때 사용해요.

⊕ **他说话总是吞吞吐吐的。**
Tā shuō huà zǒngshì tūntūntǔtǔ de.
걔는 항상 우물쭈물 말해.

⊕ **别吞吞吐吐的，你有话直说吧。**
Bié tūntūntǔtǔ de, nǐ yǒu huà zhí shuō ba.
우물쭈물하지 말고, 할 말 있으면 솔직하게 얘기해.

 단어 **绕弯子** rào wānzi 통 빙빙 돌려 말하다(=绕圈子) • **有话直说** yǒu huà zhí shuō 할 말 있으면 솔직히 말하다

"내가 갈게."라고 말할 땐 我去了보단 我来了

중국인 친구가 문을 열어 줄 때 "我来了, 我来了!"라고 말하는 걸 들어 본 적이 있나요? 이 때 왜 去를 안 쓰고 来를 쓰는 걸까요? 우리는 일반적으로 화자의 방향으로 진행되면 来, 반대 방향으로 진행되면 去를 쓴다고 배웠지만 어떤 상황에서는 '청자'를 기준으로 来를 써서 표현할 때가 있어요. 이때 来에는 청자를 배려하는 마음이 담겨 있어요.

🎬 来 살펴보기

◆ 상대방 쪽으로 **가다**

A 有人在吗？你的外卖到了。
Yǒu rén zài ma? Nǐ de wàimài dào le.
계세요? 배달 왔어요.

B 我来了，等一下。
Wǒ lái le, děng yíxià.
나가요, 잠시만요.

A 早饭做好了，你快点吃吧。
Zǎofàn zuòhǎo le, nǐ kuàidiǎn chī ba.
아침 다 됐으니 어서 먹어.

B 妈！我来了。
Mā! Wǒ lái le.
엄마! 갈게요.

A **我到餐厅了，你在哪儿呢？**
Wǒ dào cāntīng le, nǐ zài nǎr ne?
나 지금 식당에 왔는데 어디 있어?

B **我很快就来，正在路上呢。**
Wǒ hěn kuài jiù lái, zhèngzài lùshang ne.
빨리 갈게, 지금 가는 길이야.

Plus⁺ **동요 속 "我来了!"는 무슨 뜻일까요?**

올챙이가 엄마를 찾고 있을 때, 엄마 개구리는 무슨 말을 하며 달려왔을까요?

小蝌蚪小尾巴，游来游去找妈妈，"妈妈，妈妈你在哪？"
Xiǎo kēdǒu xiǎo wěiba, yóu lái yóu qù zhǎo māma, "māma, māma nǐ zài nǎr?"
작은 꼬리가 달린 올챙이가 이리저리 헤엄치며 엄마를 찾아요. 엄마 어디 계세요?

"来了，来了，我来啦!" 来了一只大青蛙。
"Lái le, lái le, wǒ lái la!" Lái le yì zhī dà qīngwā.
"간다, 간다, 엄마가 간다!" 큰 개구리 한 마리가 왔어요.

《蝌蚪找妈妈》중

 단어 外卖 wàimài 명 배달 음식 • 蝌蚪 kēdǒu 명 올챙이 • 尾巴 wěiba 명 꼬리 • 青蛙 qīngwā 명 청개구리

마음이 여리다고 할 땐 弱보단 心软

'마음이 여리고 약하다'고 표현할 때 한국어로 '마음 심(心)'에 '약할 약(弱)'을 써서 '心弱(심약)'이라고 말하죠. 과연 중국어도 이렇게 표현할까요? 중국에서 이렇게 말하면 자칫 '심장이 약하다'고 오해할 수 있어요. 이때 '마음이 여리다'는 心软으로 표현해요.

🎬 心软 살펴보기

◆ (마음이) 여리고 약하다, 동정심이 많다

> 💬 **这次你求我也没用，我不会心软的！**
> Zhècì nǐ qiú wǒ yě méiyòng, wǒ bú huì xīnruǎn de!
> 이번엔 부탁해도 소용없어, 마음 약해지지 않을 거야.

> 💬 **每次我们吵架，我女朋友一哭我就会心软。**
> Měicì wǒmen chǎojià, wǒ nǚ péngyou yī kū wǒ jiù huì xīnruǎn.
> 싸울 때마다 여자친구가 울면 난 마음이 약해져.

> 💬 A **糟了！要是他知道了，他肯定会发火的。**
> Zāo le! Yàoshi tā zhīdào le, tā kěndìng huì fāhuǒ de.
> 큰일 났네! 그가 알면 분명 화낼 거야.

> B **没事！他是个心软的人，不会为那件事生气的。**
> Méishì! Tā shì ge xīnruǎn de rén, bú huì wèi nà jiàn shì shēngqì de.
> 괜찮아! 그는 마음이 약한 사람이라 그 일로 화내지 않을 거야.

弱의 올바른 사용법

▷ 신체, 실력, 기술 등이 약하다

我小时候，身体很弱，妈妈总带我去医院。
Wǒ xiǎo shíhou, shēntǐ hěn ruò, māma zǒng dài wǒ qù yīyuàn.
어릴 때 몸이 약해서 엄마가 나를 데리고 병원에 자주 갔어.

对手的水平怎么这么弱呀?
Duìshǒu de shuǐpíng zěnme zhème ruò ya?
라이벌 실력이 어쩜 이렇게 약하지?

Plus⊕ 그 밖의 '여리다' 표현

嘴硬心软은 직역하면 '입은 단단하고 마음은 부드럽다', 즉 '말은 매정하게 해도 마음은 여리다'라는 의미예요. 비슷한 표현으로는 刀子嘴, 豆腐心이 있어요.

⊕ **她是一个嘴硬心软的人。**
Tā shì yí ge zuǐyìng xīnruǎn de rén.
그녀는 차갑지만 여린 사람이야.

⊕ **看起来这位老师很严格，其实是个刀子嘴, 豆腐心的人。**
Kàn qǐlái zhè wèi lǎoshī hěn yángé, qíshí shì ge dāozi zuǐ, dòufu xīn de rén.
이 선생님은 엄격해 보여도 마음이 여린 분이야.

 嘴硬心软 zuǐyìng xīnruǎn 차갑지만 여리다 • 刀子嘴, 豆腐心 dāozi zuǐ dòufu xīn 말씨는 날카로워도 마음은 부드럽다

죽마고우는 竹馬故友보단 青梅竹马

어렸을 때부터 친하게 지내온 친구를 소개할 때 '죽마고우(竹馬故友)'라고 말하죠. 그렇다면 중국에서도 '죽마고우'라는 표현을 쓸까요? 중국에서는 '계집아이와 사내아이가 푸른 매실과 대나무 말을 가지고 놀다'라는 뜻의 青梅竹马나 '소꿉친구'를 뜻하는 发小로 '죽마고우'를 표현해요.

🎬 青梅竹马 살펴보기

- ◆ 어릴 때부터 가까이 지낸 **소꿉친구, 죽마고우**

> 她是我的青梅竹马兰兰。
> Tā shì wǒ de qīngméi zhúmǎ Lánlan.
> 걔는 내 죽마고우 란란이야.

> 我们是从小一起长大的青梅竹马。
> Wǒmen shì cóng xiǎo yìqǐ zhǎngdà de qīngméi zhúmǎ.
> 우리는 어릴 때부터 함께 자란 소꿉친구야.

> A 你有青梅竹马吗?
> Nǐ yǒu qīngméi zhúmǎ ma?
> 넌 죽마고우가 있어?

> B 有啊，我还跟他保持联系。
> Yǒu a, wǒ hái gēn tā bǎochí liánxì.
> 응, 난 걔랑 아직도 연락해.

🎬 发小 살펴보기

◆ 어릴 때부터 친하게 지낸 **동네 친구, 소꿉친구**

> 💬 他是我的20多年的发小。
> Tā shì wǒ de èrshí duōnián de fàxiǎo.
> 그는 내 20년지기 소꿉친구야.

> 💬 今天我碰到了很多年没见的发小。
> Jīntiān wǒ pèngdàole hěn duō nián méi jiàn de fàxiǎo.
> 오늘 오랫동안 못 본 소꿉친구를 우연히 만났어.

Plus➕ 그 밖의 '친구' 표현

姐妹 jiěmèi 여자 사이의 자매 같은 친구

闺蜜 guīmì 여자 사이의 아주 절친한 친구 [男闺蜜는 여자의 친한 이성 친구]

哥们儿 gēmenr 남자 사이의 아주 절친한 친구

死党 sǐdǎng (남녀 구분없이) 의리를 중시하는 절친한 친구

➕ 我的姐妹们！你们知道我有多想你们吗？
　Wǒ de jiěmèimen! Nǐmen zhīdào wǒ yǒu duō xiǎng nǐmen ma?
　내 절친들! 내가 얼마나 보고 싶어 했는지 알아?

➕ 你最懂我！果然是我的哥们儿！
　Nǐ zuì dǒng wǒ! Guǒrán shì wǒ de gēmenr!
　네가 나를 제일 잘 아네! 역시 내 베프야!

 碰到 pèngdào 통 우연히 마주치다 • 保持 bǎochí 통 유지하다 • 果然 guǒrán
부 과연

작심삼일은 作心三日보단 三天打鱼, 两天晒网

'결심이 삼일을 못 간다'를 사자성어로 '작심삼일(作心三日)'이라고 표현하죠. 그렇다면 중국에서도 같은 사자성어를 사용할까요? 아니요. 사자성어 중 중국에서 통용되는 성어도 있지만 세월이 흐르면서 중국에서는 사용하지 않거나 다르게 표현하는 성어도 있어요. 그중 하나가 바로 '작심삼일'이에요. 중국어로는 三天打鱼, 两天晒网 또는 三分钟热度로 표현해요.

🎬 三天打鱼, 两天晒网 살펴보기

◆ '삼일 낚시를 하고, 이틀은 그물을 말린다' 뜻을 가진 **작심삼일**

✓ **我们为什么总是三天打鱼, 两天晒网?**
Wǒmen wèishéme zǒngshì sāntiān dǎyú, liǎngtiān shàiwǎng?
우리는 왜 항상 작심삼일일까?

✓ **三天打鱼, 两天晒网, 你怎么能考上大学呢?**
Sāntiān dǎyú, liǎngtiān shàiwǎng, nǐ zěnme néng kǎoshàng dàxué ne?
끈기가 없어 하다 말다 하는데, 네가 어떻게 대학에 합격할 수 있겠니?

✓ A **如果你想成功的话, 就不能三天打鱼, 两天晒网。**
Rúguǒ nǐ xiǎng chénggōng dehuà, jiù bù néng sāntiān dǎyú, liǎngtiān shàiwǎng.
만약 성공하고 싶다면 작심삼일 하면 안 돼.

B **我记住了!**
Wǒ jìzhù le!
명심할게요!

三分钟热度 살펴보기

◆ 인터넷 유행어로서 '3분간의 열정'이란 뜻을 가진 **작심삼일**

❤ 我对工作只有三分钟热度，该怎么办？
Wǒ duì gōngzuò zhǐyǒu sān fēnzhōng rèdù, gāi zěnme bàn?
난 일에 대한 열정이 최대 3분이야, 어떻게 해야 해?

❤ 不要做三分钟热度的人。
Búyào zuò sān fēnzhōng rèdù de rén.
작심삼일하는 사람은 되지 마라.

❤ A 你的缺点是什么？
Nǐ de quēdiǎn shì shénme?
네 단점은 뭐야?

B 我做什么都是三分钟热度。
Wǒ zuò shénme dōu shì sān fēnzhōng rèdù.
난 뭘 하든지 항상 작심삼일이야.

 单어 记住 jìzhù 통 명심하다 • 缺点 quēdiǎn 명 단점

문장 마스터

⊛ 아래 빈칸을 채우며 배웠던 내용을 복습해 보세요.

01 만지지 마! 엄청 뜨거워!

别碰它！很_____！

02 이 사람은 굉장히 소심해서 위험한 일은 하지 않을 거야.

这个人_____特别_____，不会做危险的事情。

03 내 생활 반경이 너무 좁은 것 같아.

我觉得我的生活_____太小了。

04 얘기하는 걸 깜빡했는데, 그거 내 차에 두고 갔어.

我忘了告诉你, 你把它_____在我车上了。

05 이건 걔가 나한테 직접 말 한 거야.

这些话都是他_____跟我说的。

06 기회가 된다면, 그 사람한테 확실하게 해명하고 싶어.

如果我有机会的话，想跟他_____清楚。

07 엄마 흥분하지 마세요! 좀 진정하세요.

妈, 你先别_____！冷静一下。

08 우리는 선배들을 롤 모델로 삼아 배워야 한다.

我们要向_____学习。

09 여러분들에게 '중국 명절 문화'를 소개해 드리겠습니다.

我向大家_____一下中国的节日文化。

10 예전에 네가 도와준 적이 있으니 이번에 내가 도와주면 서로 공평한 거야.

以前你帮过我的忙，这回我帮你，我们_____了。

11 모든 사람은 각기 다른 표현 방식을 가지고 있다.

每个人都有不同的_____方式。

12 주말마다 음악 학원에 가.

每个周末我去上音乐_____。

13 나 윗챗 답장 보낼 시간도 없이 바빠.

我_____连回微信的时间都没有。

14 영업 끝났나요?

你们_____了吗?

15 그의 능력은 동료들에게 인정을 받았다.

他的能力得到了同事们的_____。

16 본론부터 말할게, 너 왕 선생님 알아?

我就_____了，你认识王先生吗?

17 빨리 갈게, 지금 가는 길이야.

我很快就_____，正在路上呢。

18 괜찮아! 그는 마음이 약한 사람이라 그 일로 화내지 않을 거야.

没事！他是个_____的人，不会为那件事生气的。

19 우리는 어릴 때부터 함께 자란 소꿉친구야.

我们是从小一起长大的_____。

20 만약 성공하고 싶다면 작심삼일 하면 안 돼.

如果你想成功的话，就不能_____。

문장 마스터 답안

Chapter 1 unit 1~20

★ 아래 빈칸을 채우며 배웠던 내용을 복습해 보세요.

01 王先生, 久仰久仰!

02 你工作顺利吗?

03 保重! 我会想你的。

04 我超喜欢火锅。

05 不好意思, 我今天才看见你的信息。

06 我能通过这次考试, 多亏你了。

07 这次你帮了不少忙, 太谢谢你了! 小事儿。

08 你替我谢谢丽丽, 好吗? 没问题。

09 这杯奶茶又便宜又好喝。就是!

10 我觉得他对你有意思。

11 我讨厌香菜的味道。

12 周末你想干什么?

13 我想她今天不会来了。

14 你干吗这么着急?

15 吃完了, 肚子快要爆了。

16 不好意思, 打扰一下, 这儿附近有超市吗?

17 大家一起加把劲吧, 咱们可以做到的!

18 如果你一直不舒服, 赶紧去医院吧。

19 别动不动就发脾气!

20 怎么办! 我的学习计划又泡汤了。

Chapter 2 unit 1~20

★ 아래 빈칸을 채우며 배웠던 내용을 복습해 보세요.

01 这件事你做(干)得很漂亮。

02 我已经说过他了, 你别再说他了。

03 他能不能成功, 全看你的了!

04 你连这个也不知道吗? 你太菜了吧!

05 我每天坐地铁上班要一个小时。

06 你要买手机吗? 手机我最懂!

07 等你忙完了, 记得给我回个电话。

08 这是我的一点小意思, 请收下吧。

09 今年最红的网剧是什么?

10 他有事已经离开了, 你白跑了一趟。

11 我早就把他拉黑了。

12 别提了, 没谈多久, 就黄了。

13 小时候, 我是跟着妈妈学的。

14 你怕什么? 这件事包在我身上。

15 你别老跟我开玩笑, 我是认真的。

16 我想你应该会明白我的意思。

17 我有一件事想了解一下。

18 我在工作上遇到了一些麻烦。

19 星期一了, 大家收拾一下心情, 努力工作!

20 你已经做得够好了!

⭐ 아래 빈칸을 채우며 배웠던 내용을 복습해 보세요.

21 我把这件事交给你，就放心了。

22 不管遇到什么困难，你都要挺住。

23 他刚才说话说得有点儿重。

24 别光难过，打起精神来!

25 大概没有人不喜欢他吧。

26 你不能左右我的决定。

27 我最近手头儿紧张。

28 今天大家来热闹一下。

29 这件事你跟他打招呼了吗?

30 看来他赚钱真有一套。

31 这件事就靠你了。

32 我把300块钱打给你。

33 我不喝咖啡了，怕晚上睡不着觉。

34 今天我要跑趟青岛。

35 我把他当作可靠的朋友。

36 我不吃了，有点儿吃腻了。

37 我可以在六个小时内刷完剧。

38 怎么了? 今天你的脸色不对啊?

39 还好有你在，不然我不知道该怎么办了。

40 这位演员别说在国内，就是国外也很有名。

⭐ 아래 빈칸을 채우며 배웠던 내용을 복습해 보세요.

01 是这样的，我有一个问题想跟你商量一下。

02 我是不是耽误你工作了?

03 今天中午你有什么安排吗?

04 您的手艺太好了!

05 抱歉，咱们以茶代酒，可以吗?

06 我不知道合不合你的心意。

07 这些产品都是受欢迎的。

08 我手机快没电了，一会儿打给你，行吗?

09 我最拿手的就是做菜。

10 他是个玻璃心，很容易受到伤害。

11 你想出这么好的主意，太牛了!

12 你对这个问题怎么看?

13 你是不是有什么心事啊?

14 我希望你可以梦想成真。

15 坏了! 我忘了今天的聚会!

16 我想拜托你帮我一件事。

17 恐怕不行，我有约会。

18 别为这点小事生气，你先冷静一下!

19 我不是故意的，你相信我吧。

20 很难说，不过我一定会尽力的。

문장 마스터 답안

★ 아래 빈칸을 채우며 배웠던 내용을 복습해 보세요.

01 别碰它! 很烫。

02 这个人胆子特别小, 不会做任何危险的事情。

03 我觉得我的生活圈子太小了。

04 我忘了告诉你, 你把它落在我车上了。

05 这些话都是他亲口跟我说的。

06 如果我有机会的话, 想跟他解释清楚。

07 妈, 你先别激动! 冷静一下。

08 我们要向师哥师姐们学习。

09 我向大家介绍一下中国的节日文化。

10 以前你帮了我的忙, 今天我帮你, 我们扯平了。

11 每个人都有不同的表达方式。

12 每个周末我去上音乐培训班。

13 我忙得连回微信的时间都没有。

14 你们打样了吗?

15 他的能力得到了同事们的认可。

16 我就开门见山了, 你认识王先生吗?

17 我很快就来, 正在路上呢。

18 没事! 他是个心软的人, 不会为那件事生气的。

19 我们是从小一起长大的青梅竹马。

20 如果你想成功的话, 就不能三天打鱼, 两天晒网。